LEGAL COUNSEL OF
MARRIAGE AND FAMILY

七五普法公民法律读本

婚姻家庭法律顾问

案例精析版

荣丽双／主编

中国法制出版社
CHINA LEGAL PUBLISHING HOUSE

前 言

对于绝大多数人来说,爱情是美好的,婚姻也是幸福的。但是,正如歌里所唱到的那样:"生活是一团麻,总有那解不开的小疙瘩。"是的,家庭生活中难免有磕磕绊绊,甚至纠纷。试想,在婚姻家庭中,成员之间都存在着亲密的关系,不是父母子女关系,就是夫妻关系、兄弟姐妹关系,一旦出现"闹僵"的局面,就说明事态上升到一定严重的程度。此时,对于难以化解的纠纷,最公平最明智的选择就是使用法律去解决。这样,不仅能彻底有效地解决纠纷,还可以充分及时地保护当事人的合法权益。

此外,每一件婚姻家庭纠纷的背后,都连接着相关的法律知识。如果当事人了解其中的法律知识,那么,可能根本就不会发生纠纷,当纠纷发生后通过对相关法律的知晓,或许还会挽救即将破碎的家庭,使离散的亲情重聚。因此,懂得一些婚姻家庭法律知识相当必要。

为了帮助大家了解婚姻家庭法律知识,我们特意编写了《婚姻家庭法律顾问:案例精析版》一书。在本书中,我们介绍了结婚和离婚法律知识、婚姻效力知识、夫妻间权利义务关系、夫妻财产知识、子女老人问题以及继承收养知识等。

本书在内容组织上主要分为以下三个板块:

第一,情景再现。我们精选了生活中的常见案例,用生动的描述带您进入一个有血有肉的案例画面，您会为我们的故事所吸引，进而迫切地想弄清楚其中的法律道理，在一定程度上，也会引发您对维权的思考。

第二，律师指点。针对上面案例中的法律困惑，我们以专业律师的角度和水准作出了详细而全面的解答，既讲明其中的法律道理，又给您的维权之路指明了方向。

第三，法条依据。在前面两部分解决了现实困惑，知道如何维权后，我们又及时地列明了相关的法律知识，给您一个宏观学习和了解法律专业知识的机会。

至于本书的特色，有"通俗性""实用性""广泛性"以及"便捷性"。考虑到读者的大众性，我们在编书的过程中，始终奉行着这样一个初衷——用通俗的语言把法律问题交代得彻彻底底、明明白白。此外，仅通俗还不够，一定还要实用和广泛。因为只有这样，才能给形形色色的大众社会生活以法律指导，才能在帮助您解决纠纷和维权的问题上有所成就。此外，本书以小问题做目录，并以科学的分类加以整理，使您在检索某个法律问题时能够在很短的时间内就能完成，快速便捷。

最后，衷心地希望本书能成为您全能的婚姻家庭法律顾问！

2016年1月

目 录

▶▶▶ **第一章　我和我的婚姻——与结婚离婚有关的法律知识**

第一节　结婚与离婚 / 003

1. 近亲属可以结婚吗？/ 003

2. 精神病患者可以结婚吗？/ 005

3. 跨国婚姻，要遵守我国法律吗？/ 007

4. 只有向法院提起诉讼才能离婚吗？/ 009

5. 丈夫与小三同居，妻子可以要求离婚吗？/ 011

6. 妻子红杏出墙致怀孕，丈夫能要求离婚吗？/ 013

7. 丈夫与妻子因工作原因两地分居已有2年，丈夫能据此要求离婚吗？/ 015

8. 夫妻一方被宣告死亡，是否意味着婚姻关系消灭？/ 017

9. 夫妻一方被判刑，另一方能否要求离婚？/ 020

10. 现役军人的配偶想离婚要经过对方同意吗？/ 022

11. 无民事行为能力的子女能否由父母代为提起离婚诉讼？/ 024

12. 起诉离婚后又后悔了，还可以撤诉吗？/ 026

13. 当事人收到一审离婚判决后，可以马上再婚吗？/ 028

第二节　婚姻效力 / 030

14．父母可以申请宣告子女的婚姻无效吗？/ 030

15．受胁迫的一方请求撤销婚姻的权利受一年时效的限制吗？/ 032

16．仅同居而未结婚的，产生纠纷后起诉到法院，会被受理吗？/ 034

17．谁才有权利申请撤销婚姻？/ 036

18．因受骗与他人结婚，还能撤销吗？/ 038

19．结婚系被对方威胁而成，受威胁者能否申请撤销婚姻关系？/ 040

20．当事人不服宣告婚姻无效的判决，能否提出上诉？/ 042

21．有配偶者又与他人登记结婚的，其第二次婚姻有效吗？/ 045

22．婚后发现配偶患有性病的，可以以此为由请求法院宣告婚姻无效吗？/ 047

23．只举行了婚礼未到民政部门进行登记，这样的婚姻有效吗？/ 049

第二章　我和我的配偶——夫妻间法律知识

第一节　夫妻权利义务 / 053

1．丈夫与他人同居，妻子在不离婚的前提下可否请求丈夫对其进行损害赔偿？/ 053

2．离婚时一方可否因在照顾老人方面尽了较多义务而要求另一方予以补偿？/ 055

3．怎样才算家庭暴力？什么程度的家庭暴力构成犯罪？/ 057

4．发现丈夫与他人同居，从法律上来说妻子可采取的做法有什么？/ 059

5．从法律角度看，丈夫有权要求妻子在家做全职太太吗？/ 061

6．丈夫丧失劳动能力，是否有权要求妻子履行扶养义务？/ 063

第二节　夫妻财产 / 065

7．婚后一方父母出资购买并登记在其子女名下的房产归谁所有？/ 065

8．一方在婚前购置的房产会因结婚自动转为夫妻共同财产吗？/ 067

9. 婚前一方承诺赠与房产但一直未过户，离婚后赠与方可否收回房产？ / 069

10. 离婚时尚未退休，一方的养老保险金是否可作为夫妻共同财产进行分割？ / 071

11. 离婚后又同居，一方死亡，另一方是否有继承权？ / 073

12. 离婚时可以要求返还彩礼吗？ / 075

13. 夫妻一方得到的赔偿属于夫妻共有财产吗？ / 077

14. 因虐待、遗弃家庭成员离婚的，无过错方能要求损害赔偿吗？ / 078

15. 因一方出轨而协议离婚后，还能要求损害赔偿吗？ / 081

16. 夫妻可以约定婚前个人财产的归属吗？ / 083

17. 夫妻一方有义务偿还对方的婚前债务吗？ / 085

18. 夫妻离婚了，公积金可以作为共同财产进行分割吗？ / 086

19. 离婚后，请求再次分配夫妻共有财产有时效限制吗？ / 089

20. 离婚时，对夫妻一方在公司的股份进行分割后，受让方可否成为该公司股东？ / 091

21. 个人独资企业的财产，在离婚时双方都不愿意经营，如何处理？ / 093

22. 婚姻关系存续期间，夫妻一方请求分割共同财产的，人民法院应当支持吗？ / 095

23. 婚姻关系存续期间，无民事行为能力的一方遭受家庭暴力、虐待、遗弃等严重侵害其合法权益的行为时，怎么处理？ / 097

24. 离婚时，一方可以要求将另一方继承的尚未分割的遗产作为夫妻共同财产进行分割吗？ / 099

25. 一方未经另一方同意出售夫妻共同共有的房屋，该如何处理？ / 101

26. 当事人达成的以登记离婚或者到人民法院协议离婚为条件的财产分割协议，如果双方协议离婚未成，一方反悔的，协议有效吗？ / 104

27. 妻子有婚外情，丈夫得知后对其殴打，离婚时双方可以互相要求损害赔

偿吗？／106

▶▶▶ 第三章　我和我的子女——与抚养、收养子女有关的法律知识

1. 父母未离婚，也有义务给付子女抚养费吗？／111

2. 不做亲子鉴定，人民法院也可以推定亲子关系的有无吗？／113

3. 离婚后，父母与不与之共同生活的子女的关系依旧存在吗？／115

4. 夫妻离婚后，未成年子女抚育费的数额如何确定？／117

5. 父母离婚的，子女在什么情况下可以要求父母增加必要的费用？／119

6. 离婚后，父母可以约定轮流抚养孩子吗？／121

7. 离婚时，登记在子女名下的财产应该怎么办？／123

8. 离婚后，孩子的抚养权可以变更吗？／125

9. 离婚后，子女的姓氏可以变更吗？／127

10. 女方未婚生子能要求生父承担抚养义务吗？／129

11. 父母离婚后，儿子上大学能要求父亲承担学费吗？／131

12. 祖父母对失去父母的孙子承担抚养义务吗？／133

13. 被收养的孩子，需要具备哪些条件？／135

14. 收养人具备哪些条件才有收养孩子的资格？／137

15. 未经妻子同意，擅自将女儿送给他人收养，可以要回吗？／139

16. 当事人有要求保守收养秘密的权利吗？／141

17. 抚养亲友子女的行为是收养行为吗？／143

18. 孩子被养父母收养后，他和亲生父母还有关系吗？／145

19. 养父母养子女解除了收养关系，养子女与亲生父母之间会自动恢复父母与子女关系吗？／147

20. 养子女遭到养父母的虐待，收养关系可以解除吗？／148

第四章 我和我的父母——与赡养老人有关的法律知识

1. "常回家看看"写进法律规定了? / 153
2. 母亲瘫痪在床,儿子不照顾且不给看病违法吗? / 155
3. 老年人能有监护人吗?可以找谁作为监护人? / 157
4. 儿子为结婚用房将母亲赶出家门的行为违反法律吗? / 159
5. 儿女能因母亲年老就不让她继承遗产吗? / 161
6. 未经父母同意,两个儿子之间能否订立分开赡养父母的协议? / 163
7. 儿子能以父亲与其断绝父子关系为由拒绝履行赡养义务吗? / 165
8. 母亲被儿子遗弃后怎样维护自己的合法权益? / 167
9. 父母再婚,子女是否有权干涉? / 169
10. 老人的孙子女有赡养义务吗? / 170

第五章 我和我的继承权——与继承有关的法律知识

1. 法定继承中,继承顺序如何确定? / 175
2. 法定代理人可以处分未成年人的遗产继承权吗? / 177
3. 不履行赡养义务的子女还有继承权吗? / 179
4. 互有继承权的人同时死亡,继承顺序如何确定? / 181
5. 继子女有继承权吗? / 183
6. 继承人丧失继承权的,其子女能代位继承遗产吗? / 185
7. 如被继承人立有遗嘱,则遗嘱继承优先于法定继承吗? / 187
8. 临终前设立的口头遗嘱效力如何? / 189
9. 因受胁迫所立的遗嘱是无效的吗? / 191

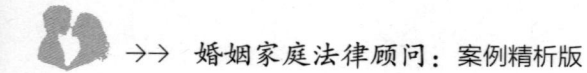

10. 遗书中的内容如涉及个人财产处分可视为遗嘱 / 193

11. 继承被继承人遗产的同时，也就"继承"了其债务 / 195

12. 立遗嘱后又对遗嘱财产进行了处理，遗嘱的效力如何认定？ / 197

13. 内容相抵触的数份遗嘱，应如何执行？ / 199

▶▶▶ 附录

中华人民共和国婚姻法 / 205

最高人民法院关于适用《中华人民共和国婚姻法》若干问题的解释（一）/ 212

最高人民法院关于适用《中华人民共和国婚姻法》若干问题的解释（二）/ 217

最高人民法院关于适用《中华人民共和国婚姻法》若干问题的解释（三）/ 222

第一章

我和我的婚姻
——与结婚离婚有关的法律知识

第一节　结婚与离婚

1. 近亲属可以结婚吗？

情景再现

　　表哥小勇和表妹小芳年龄相仿，从小青梅竹马。高中毕业后，小勇和小芳都没能考上大学，就决定一起到深圳打工。远离家乡，他们相依为命，在相互照顾中感情迅速升温，向对方许下承诺，此生非她不娶，非他不嫁。

　　在深圳工作了两年，积攒了一些钱后，小勇和小芳回到家乡，向父母表明了结婚的意向。双方父母觉得两家是亲戚，两个小孩打小就好，亲上加亲挺好的，就没有反对。于是，小勇和小芳选了个好日子，到当地的婚姻登记机关办理结婚登记，并领取结婚证。可是，当婚姻登记机关的工作人员得知他们是表兄妹后，拒绝为两人办理结婚登记。工作人员向两人解释，"表兄妹"属于三代以内的旁系血亲，结婚后，生出的孩子不健康，可能患有遗传病。

　　小勇和小芳回家商量后决定，这辈子可以不要孩子，但是一定要在一起。于是，小芳到医院做了绝育手术，开了相关证明。当两人再次来到婚姻登记机关时，工作人员还是拒绝为他们办理结婚登记，说"三代以内旁系血亲禁止结婚"是法律明文规定的，他们不能违反。小勇和小芳很茫然，也很无奈。最可怜的是小芳，为了和表哥小勇在一起，放弃了做母亲的权利，可到头来还是没能领上结婚证。那么婚姻登记机关的工作人员的说法是正确的吗？

律师指点

本案是关于近亲结婚的问题。我国《婚姻法》第七条第一项明确规定,"直系血亲和三代以内的旁系血亲禁止结婚"。这一规定实施十几年来,取得了良好的法律效果,近亲禁止结婚的观念已经深入人心。但是,在一些偏远农村地区,受"亲上加亲"的传统观念的影响,仍然存在"表兄妹""堂兄妹"结婚的现象。案例中,小勇和小芳有着深厚的感情基础,但是两人是表兄妹,属于三代以内旁系血亲,因此,婚姻登记机关的工作人员拒绝为其办理结婚登记的做法符合法律规定。

禁止近亲结婚,主要是从优生的角度考虑。目前已知的人类单基因遗传病大约有6500种,每个人都可能携带某些遗传性疾病的隐性基因,而近亲携带同一疾病的隐性基因的可能性较大。如果携带同种疾病基因的两个近亲结合,他们的后代会将父母隐性的遗传病基因外显出来,呈现显性,从而表现出疾病的体征。澳大利亚一份发表在权威杂志上的科学报告声称,亲表兄妹结婚生出畸形孩子的几率是非近亲结婚生出患病孩子几率的三倍。因此,我国为了控制遗传病的发病率,提高我国人口的总体素质,我国《婚姻法》明文规定"直系血亲和三代以内的旁系血亲禁止结婚"。

总之,就我国目前的法律规定而言,"表兄妹""堂兄妹"之间即使有爱情,也不允许结婚。案例中的小勇和小芳就是最典型的例子,他们从小青梅竹马,感情深厚,为了结婚,不惜放弃生育,但是还是没能进行婚姻登记。法律作为一种对全体社会成员具有普遍约束力的行为规范,它是公平的,严肃的,也是无情的,这就注定了执法者不应被感情左右,应依法行政。因此,遇到"表兄妹""堂兄妹"登记结婚的情形,婚姻登记机关的工作人员应依法拒绝为其办理。

法条依据

《中华人民共和国婚姻法》

第七条 有下列情形之一的,禁止结婚:

（一）直系血亲和三代以内的旁系血亲；

（二）患有医学上认为不应当结婚的疾病。

2. 精神病患者可以结婚吗？

情景再现

家住农村的张某经人介绍认识了邻村的李某，二人一见钟情，婚后育有一子张小某。张某、李某对儿子非常溺爱，张小某自小过着衣来伸手饭来张口的日子。张小某高考时考上了一个专科院校，离开了父母独自一人到异地求学。但由于父母的溺爱，张小某生活自理能力很差，也不会与人相处、交际，因此，张小某在大学期间一直没有朋友，这使得他性格逐渐孤僻、自卑。大学毕业后，张小某在城市漂泊了半年也没能找到工作，无奈之下只好返回家乡。回到家乡的张小某出现了狂躁不安、焦虑、敏感多疑、乱摔东西等情况，张某和李某觉得是儿子心情不好，过段时间就会好的。但是半年过后，张小某的情况更加严重，张某就带着张小某到医院进行检查，结果医生诊断张小某患上了精神分裂症。几年后，张小某的病情越来越严重。张某和李某看着患病的儿子到了结婚的年纪，便萌生了为他找一个妻子的想法，这样就可以有人好好照顾儿子了。

张某、李某通过朋友给张小某介绍了一个外省家庭条件不好的女孩吴某，并在张小某精神状态好的情况下安排了张小某和吴某见面，在介绍张小某时隐瞒了他的病情。吴某看到张小某长得很精神，还是大学生，家庭条件也不错，就同意了与张小某的婚事。两个月后，张某陪同张小某和吴某到民政局办理结婚登记，办理登记时吴某想和张小某一同进行婚前医学检查，但是张某说现在国家不要求必须进行体检，可以直接登记，于是吴某和张小某在没有体检的情况下领取了结婚证。

吴某和张小某结婚后就发现张小某经常摔东西、骂人，还多疑，根本无法正常生活、工作，她还发现了张小某在服用大量治疗精神疾病的药物，吴某遂向张某求证,张某只好如实告知了吴某张小某的病情。吴某立即向张小某及其家人表示他们一家人一起欺骗了她,她和张小某的婚姻是无效的,她要离开张小某。那么,吴某和张小某的婚姻有效吗?

律师指点

本案涉及婚姻欺诈是否构成婚姻无效的问题。婚姻欺诈,是指一方或双方在向婚姻登记机关申请结婚时,明知不符合我国《婚姻法》规定的结婚条件,而向婚姻登记机关隐瞒真实情况或提供虚假证明,使婚姻登记机关为双方登记,发给结婚证,确立夫妻关系的行为。本案中,张某、李某明知张小某患有精神疾病却不告知吴某,且在吴某要求进行婚前体检时,为了避免吴某发现张小某的病情而拒绝进行婚前体检,致使吴某在不知情的情况下与张小某办理了结婚登记。张某、李某和张小某的行为构成了婚姻欺诈。

我国《婚姻法》第十条规定了婚姻无效的情形,本条第三项规定了婚前患有医学上认为不应当结婚的疾病,婚后尚未治愈的情形属于婚姻无效。而我国《母婴保健法》第八、九条规定,精神疾病在发病期内的属于不应当结婚的疾病。根据上述规定可知,精神病患者属于无行为能力人或限制行为能力人,其在发病期间不能够充分认识其所做出的意思表示将要产生的法律效果,且对他人的人身安全构成威胁,因此发病期间的精神病患者应暂缓结婚。本案中,张小某患有精神分裂症,且在双方登记结婚时处在精神病发病期,对结婚做出的意思表示不能真实反映其结婚的意愿,张某、李某和张小某隐瞒张小某病情,骗使吴某与张小某结婚,因此吴某与张小某的婚姻关系无效,吴某可以向法院申请确认其与张小某的婚姻无效,这样就可以解除与张小某的婚姻关系。

法条链接

《中华人民共和国婚姻法》

第十条 有下列情形之一的,婚姻无效:

……

（三）婚前患有医学上认为不应当结婚的疾病，婚后尚未治愈的；

……

《中华人民共和国母婴保健法》

第八条 婚前医学检查包括对下列疾病的检查：

……

（三）有关精神病。

经婚前医学检查，医疗保健机构应当出具婚前医学检查证明。

第九条 经婚前医学检查，对患指定传染病在传染期内或者有关精神病在发病期内的，医师应当提出医学意见；准备结婚的男女双方应当暂缓结婚。

3. 跨国婚姻，要遵守我国法律吗？

情景再现

邢某从小就具有很强的语言天赋，大学、研究生学习的都是英语专业，邢某研究生毕业后留校任教，担任英语老师。邢某的同事爱德华是美国来的口语老师，爱德华幽默、有活力，特别是他独特的思维方式深深地吸引着邢某，而长期在中国生活的爱德华也想找一位中国妻子。爱德华注意到了聪明、漂亮的邢某，二人经常在一起学习、交流，互相了解了一段时间后，二人建立了恋爱关系。爱德华的浪漫让邢某觉得非常幸福，而邢某的知性、温柔也令爱德华深深的着迷。爱德华任教期满后，想带着邢某回到美国结婚、生活，邢某和家人商量后，辞去了大学教师的工作，跟随爱德华到了美国生活，并在当地办理了结婚登记。

邢某与爱德华结婚后，办了一所中文培训班，因为邢某有一口地道的英语，在教习语言上有丰富的经验，因此其培训班非常受美国人和美国华人的欢迎。爱德华回到美国后，一直没有固定的工作，反而经常去酒吧喝酒玩乐。邢某对爱德华的行为非常不满，经常查询爱德华的账单、电话、钱包、信件等物品,有人打电话给爱德华时,邢某也会不经其同意就接听电话,这令爱德华很反感,认为是侵犯了其隐私,二人因此经常发生争执,感情也是一落千丈。邢某在美国生活了两年后,勉强维持着与爱德华的婚姻,但是爱德华不出去工作,什么事情都依赖邢某,邢某实在不愿意再与爱德华生活,就商量与爱德华离婚。但是爱德华没有正式工作,想要靠着邢某的中文培训班过自在的生活,因此坚决不同意离婚。邢某见协商不成,就结束了中文培训班,整理行李回到了中国。邢某在一所大学找到了英语口语教师的工作,开始了新的生活。邢某回国一段时间后,就联系爱德华协议离婚,但是爱德华不同意,邢某就想在中国起诉离婚。那么,邢某能在中国起诉离婚吗?离婚应适用哪国的法律?

律师指点

本案涉及涉外婚姻离婚管辖权及法律适用等的问题。涉外家庭关系,即指含有涉外因素的婚姻家庭关系,婚姻家庭关系的主体一方或双方是外国人或无国籍人,引起婚姻家庭关系产生、变更或消灭的法律事实发生在国外。根据我国《民事诉讼法》第二十二条的规定,对不在中国领域内居住的人提起的有关身份关系的诉讼由原告住所地人民法院管辖。也就是说,只要一方是在中国境内居住的人,不管是对居住在中国境内或境外的被告提起的离婚,中国法院都有管辖权。本案中,邢某回到中国居住,而且其一直是中国公民,那么她就可以向其住所地的法院起诉离婚。

离婚分为协议离婚和诉讼离婚,对于涉外婚姻协议离婚与诉讼离婚的法律适用,我国《涉外民事关系法律适用法》作了详细的规定,其中第二十六条规定了协议离婚的法律适用,第二十七条规定了诉讼离婚的法律适用,对于诉讼离婚的,适用法院地法律。本案中,邢某想要通过诉讼达到离婚的目的,依前段分析,其可以向其住所地的人民法院提出离婚诉讼,如果人民法院受理了邢某的离婚起诉,那么人民法院在审理此离婚案件时就应适用法院地法即我国的法律。

法条链接

《中华人民共和国涉外民事关系法律适用法》

第二十六条　协议离婚，当事人可以协议选择适用一方当事人经常居所地法律或者国籍国法律。当事人没有选择的，适用共同经常居所地法律；没有共同经常居所地的，适用共同国籍国法律；没有共同国籍的，适用办理离婚手续机构所在地法律。

第二十七条　诉讼离婚，适用法院地法律。

《中华人民共和国民事诉讼法》

第二十二条　下列民事诉讼，由原告住所地人民法院管辖；原告住所地与经常居住地不一致的，由原告经常居住地人民法院管辖：

（一）对不在中华人民共和国领域内居住的人提起的有关身份关系的诉讼；

……

4. 只有向法院提起诉讼才能离婚吗？

情景再现

梁某出生在云南大山深处的小村庄，初中毕业后就辍学回家帮助父母务农。梁某十八岁时经人介绍认识了邻村的李某，二人相处不久就在双方父母做主下订亲了。在梁某二十岁时，梁某、李某二人又在双方父母做主下举办了结婚仪式，随后二人就一直共同生活。到了法定领取结婚证的年龄后二人到县民政部门领取了结婚证。二人领取结婚证后不久，李某就怀孕了，后生下了儿子梁小某。梁某和李某为了给儿子创造一个好的生活环境，在梁小某三岁时，梁某与李某一起离家到A省甲市打工。一开始二人就在建筑工地做小工，两年后两人攒了一些钱，就租了一个小门市做云南米线等云南小吃。二人凭借正宗的云南风味和干净卫生的就餐环境，很快就在当地小有名气，很多人都慕名到他们店吃米线。经过两年的打拼，二人积攒了一些积蓄，租了一个二室一厅的房子，将远在云南老家的儿子梁小某接到了身边生活。

经过几年的辛苦经营，梁某与李某在甲市又开了一个分店，二人各负责经营一家门店。不久二人就在该市买了一套90平米的房子，一家三口终于有了自己的家。虽然梁某夫妻二人的经济条件好了，但是二人在生活和小吃店的经营上经常发生矛盾，每天争吵不断。梁某和李某本来就是双方父母做主结婚的，婚后虽然一起吃苦打拼，但是并未建立起真正的夫妻感情，二人都感觉是在搭伙过日子。一开始的时候，两个人还总是争吵，后来干脆就谁也不理谁。慢慢的二人都萌生了离婚的想法，他们也曾商量过离婚，但是二人以为离婚必须去法院才能办理，他们不想闹得人尽皆知，遂放弃了离婚的打算。就这样，二人商量了一下，梁某和李某分开房屋居住，一人住一间，二人每人经营一家门店，经济独立，互不干涉，儿子的生活学习费用各负担一半。那么，离婚只能向人民法院起诉才能办理吗？还有没有其他方式办理离婚手续呢？

律师指点

办理离婚的方式有两种，即诉讼离婚和协议离婚。协议离婚也叫"双方自愿离婚"，是夫妻双方在达成离婚合意后通过婚姻登记机关解除婚姻关系的法律制度。协议离婚制度是离婚制度的重要组成部分。我国《婚姻法》第三十一条是关于协议离婚的规定，三十二条是关于起诉离婚的规定。《婚姻法》三十一条规定了协议离婚的条件：双方是合法夫妻且必须具有完全民事行为能力、双方是自愿离婚，且对子女和财产问题已有适当的处理。只要同时满足上述条件，夫妻双方就可以到婚姻登记机关办理离婚手续。

本案中，梁某和李某可以通过协议离婚的方式结束婚姻关系，不用非要去法院解决不可。梁某和李某已经领取了结婚证，是合法的夫妻关系，二人皆是完全民事行为能力人，双方只要在对儿子梁小某的抚养和财产问题作出适当的处理，并就处理结果达成离婚协议书，双方在协议书上签字按手印后就可以直接到婚姻登记机关办理离婚证。办理离婚证时需携带结婚证、身份

第一章 我和我的婚姻——与结婚离婚有关的法律知识

证、离婚协议书,到领取结婚证的民政局办理就可以了。但是如果梁某和李某双方就财产或是梁小某的抚养权没有达成一致意见的话,双方就只能通过诉讼途径办理离婚、财产及抚养权的问题了。

法条依据

《中华人民共和国婚姻法》

第三十一条 男女双方自愿离婚的,准予离婚。双方必须到婚姻登记机关申请离婚。婚姻登记机关查明双方确实是自愿并对子女和财产问题已有适当处理时,发给离婚证。

第三十二条 男女一方要求离婚的,可由有关部门进行调解或直接向人民法院提出离婚诉讼。

人民法院审理离婚案件,应当进行调解;如感情确已破裂,调解无效,应准予离婚。

5. 丈夫与小三同居,妻子可以要求离婚吗?

情景再现

朱某在甲公司从事文员工作,因为朱某长得很漂亮,追求她的人很多。与朱某同在一个写字楼的乙公司的销售经理吴某也是朱某的追求者,吴某比朱某大七岁,成熟、风趣,而且收入非常高,朱某经过认真考虑开始与吴某交往,不久之后二人就领取了结婚证,办了结婚典礼。婚后,朱某和吴某相敬如宾,恩爱有加,尤其是在朱某怀孕后,吴某对朱某更加细心体贴,而且吴某让朱某辞职在家安心养胎。后朱某生下一个男孩,为了能够更好地照顾孩子,朱某做起了全职太太,一心一意在家照顾儿子。

几年后,吴某因业绩突出被提拔为公司销售副总,应酬也比之前多了起来,经常很晚回家,有时甚至晚上都不回家。朱某一开始并未放在心上,以为吴某确实是工作比较忙。有一天,朱某带着儿子逛街时,在街上遇到了以前关系很好的同事蒋某,她与朱某聊天时含蓄地提醒朱某好好看紧吴某。朱某回家后前思后想,觉得吴某肯定有事瞒着自己,于是开始细心观察吴某。后朱某发现吴某在家从来不开手机,还在吴某的钥匙串上发现了一把防盗门钥匙。朱某告诉吴某自己要带着孩子回娘家住几天,随后就离开了家。朱某将孩子放到娘家后,就回到吴某上班的地方等待吴某下班。朱某看到吴某下班后开车离开写字楼,就打车跟在吴某的后面,最后吴某将车开进了某花园小区,朱某下车后就跟门卫打听吴某的情况,门卫说吴某和妻子一起住在该小区。朱某听说后非常气愤,来到吴某在该小区的房屋楼下等待,不久就看到一个年轻漂亮的姑娘挽着吴某的胳膊走出来,二人有说有笑,非常亲密。朱某哭着回了娘家,朱某告诉自己的母亲,吴某有小三了,还在一起住了很久了,自己要跟吴某离婚。那么,朱某能因为丈夫与小三同居就要求离婚吗?

律师指点

人民法院审理离婚案件,是否准予离婚有着法定的必要条件,即"感情确已破裂,调解无效"。而判断夫妻感情是否确已破裂,是从婚姻基础、婚后感情、离婚原因、夫妻关系的现状和有无和好的可能等多方面综合考虑、分析、判断的。我国《婚姻法》第三十二条规定了导致夫妻感情破裂的原因和表明夫妻感情不和的事由,其中规定了"重婚或有配偶者与他人同居的"在调解无效时应准予离婚。重婚是指有配偶者又与他人结婚,即有配偶者又与他人登记结婚。而与他人同居是指有配偶者又与他人以夫妻名义同居生活。重婚和有配偶者与他人同居的行为,违反了我国一夫一妻制的根本婚姻制度,严重伤害夫妻之间的感情,因此法律将此条作为感情已经破裂的情形。

本案中,吴某在与朱某存在合法的婚姻关系的情况下,又与其他人以夫妻名义同居,属于《婚姻法》第三十二条第二款第一项的规定,朱某可以和吴某协议离婚,如果双方不能就离婚达成一致意见,朱某也可以向人民法院起诉要求与吴某离婚。不仅如此,朱某还可以依据《婚姻法》第四十六条的规定要求吴某因与小三同居赔偿自己的损失。如果朱某以吴某有小三的理由离婚的话,必须要提供足够的证据证明自己的主张,比如吴某和朱某在一起的照片、视频，其邻居或是门卫关于二人是以夫妻名义同居的证言等，但是此证据在举证上存在很大困难，因此证据并不好采集。而且在实践中，即便夫妻中一方存在与他人同居的情形，人民法院还是会以夫妻感情是否破裂作为是否准予离婚的准则。

法条依据

《中华人民共和国婚姻法》

第三十二条 男女一方要求离婚的，可由有关部门进行调解或直接向人民法院提出离婚诉讼。

人民法院审理离婚案件，应当进行调解；如感情确已破裂，调解无效，应准予离婚。

有下列情形之一，调解无效的，应准予离婚：

（一）重婚或有配偶者与他人同居的；

……

第四十六条 有下列情形之一，导致离婚的，无过错方有权请求损害赔偿：

（一）重婚的；

（二）有配偶者与他人同居的；

（三）实施家庭暴力的；

（四）虐待、遗弃家庭成员的。

6. 妻子红杏出墙致怀孕，丈夫能要求离婚吗？

情景再现

曲某在 QQ 聊天中认识了本市的刘某，二人经过半年时间的交流，曲某对刘某非常有好感，认为她是一个知书达理的好姑娘，遂要求与刘某见面，刘某欣然应允。曲某和刘某见面后，发现刘某确实如照片中一样漂亮，对刘某的好感倍增,当即向刘某表白。刘某对曲某也非常满意,遂答应与曲某交往。二人交往半年后就到双方父母家拜访,均得到了双方父母的认可。不久之后,二人就领取结婚证举办了婚礼。

婚后曲某发现刘某特别喜欢上网聊天,而且其网友大都是男性,曲某多次劝告刘某不要总跟陌生男人聊天,但是刘某表示只是聊天而已,还要求曲某给她私人空间,不能过多干涉自己的私生活。有一段时间,曲某经常加班,有时很晚回家,但是刘某竟然经常比他回来的还晚,刘某解释说是因为曲某加班没人陪她,她和公司同事们一起去玩了,曲某想到自己没法陪伴妻子,心里很愧疚,也就没有说什么。一个月后,曲某陪同客户到饭店吃饭,恰巧碰到妻子和一个陌生男子也在该饭店用餐且二人举止亲密,曲某急忙上前询问,刘某慌张地介绍该男子是自己新来的同事,该男子看到曲某后随意打了一个招呼就离开了饭店。曲某回家后因为此事和刘某大吵一架。几天后,公司派曲某到外地出差四个月。

三个半月后,曲某提前回家,回到家中后,刘某并不在家,但是家中的笔记本电脑是打开的,刘某的QQ图像一直闪个不停,曲某随手点开QQ图像,看到了其中的留言,留言内容暧昧至极,曲某打开了之前的所有聊天记录,曲某这才发现,原来刘某与该留言人是情人关系,二人经常在酒店约会。曲某打开了留言人的相册,这才知道此留言人就是那天自己在饭店中碰到的那个男人。曲某气急败坏,将刘某梳妆台上所有东西扔在地上,却在刘某的梳妆盒内发现了一张B超单子,里面显示刘某已有一个月的身孕,曲某当时血往上涌,没想到刘某不仅红杏出墙,还怀上了别人的孩子,曲某现在只有一个念头:离婚,马上离婚!那么,曲某能在妻子怀孕期间离婚吗?

律师指点

为了照顾女方怀孕、保护胎儿的健康,《婚姻法》第三十四条对男方离婚权进行了限制,即"女方在怀孕期间、分娩后一年内或中止妊娠后六个月内,男方不得提出离婚"。作出此规定一方面是胎儿、婴儿正在发育阶段,需要父母合理抚育,另一方面是出于对女方的身心健康考虑,如果在此时男方提出离婚,对女方的精神、身体都是一种伤害。但是,为了体现平等,针对具体问题也要视情况而定。在司法实践中,如果存在以下几种情况,男方就可以在妻子怀孕期间提出离婚:(1)女方结婚后与他人发生性关系而导致怀孕,使女方丧失保护的必要;(2)男方的生命受到女方的威胁或者合法的权益遭到女方严重侵害的;(3)女方对婴儿有虐待、遗弃行为的;(4)女方小产后身体已经恢复的。

本案中,刘某在与曲某存在合法婚姻关系的情况下,仍与其他男子保持情人关系,且在曲某出差期间与他人偷情导致怀孕,刘某违背了夫妻间相互忠诚的义务,是对夫妻感情的极大破坏。虽然刘某已经怀孕,但是曲某仍可以向刘某提出离婚,如果刘某不同意,曲某可以向人民法院提起离婚诉讼。曲某在准备证据时,应准备结婚证、刘某的 B 超证明、自己单位的出差证明及在外地工作时的考勤表等,用以证明对方结婚后与他人发生性关系而导致怀孕。

法条依据

《中华人民共和国婚姻法》

第三十四条 女方在怀孕期间、分娩后一年内或中止妊娠后六个月内,男方不得提出离婚。女方提出离婚的,或人民法院认为确有必要受理男方离婚请求的,不在此限。

7. 丈夫与妻子因工作原因两地分居已有 2 年,丈夫能据此要求离婚吗?

情景再现

吴某和女朋友周某经人介绍相识,相处一年后就被双方父母逼婚。周某对吴某非常满意,而吴某觉得周某也还行,于是二人听从父母的意见结了婚。吴某是某建设集团的工程师,常年在外出差,虽说是与周某相识一年后结的婚,但是二人相处的时间总共也就一个月。婚后不久,吴某就被公司派往千里之外的城市工作，这一去至少要三年才能调回总部。周某不满刚结婚就分开，虽然不舍但是还是为丈夫准备行李，送丈夫登上了飞机。

吴某此次出差因为距离较远，只能四五个月回来一次。虽然周某平时都是跟父母或是公公婆婆一起住，但是没有吴某的陪伴，周某总觉得孤单。吴某在外出差，一开始很挂念新婚妻子，每天再忙都要打电话或是视频聊天，但是时间长了，他感觉自己对周某的感情也慢慢变淡了。

吴某认识了当地的建材供应商江某，江某比吴某大几岁，是一个干练、成熟、漂亮的女强人，吴某在江某身上看到了周某所不具有的气质，他也深深地被这种气质折服。江某身边不乏优秀的追求者，但是她对吴某也是一见钟情，二人开始以恋人关系相处。在家等待丈夫的周某对此一点都不知情，她仍然每天等待着丈夫的电话，期盼着丈夫回家。吴某和江某相处后，对周某的感情更淡了，有时几天都不打一个电话，接到周某的电话就找借口挂掉，他感觉自己和周某越来越没有共同语言了，根本没话说。两年过去了，吴某对江某的感情越来越深，他就想这样下去也不是办法，不如和周某离婚，这样自己就能名正言顺地和江某在一起了。他想到婚姻法中有分居两年就可以离婚的说法，现在自己和周某已经分居满两年了，只要自己提出离婚，一定可以据此离婚的。那么，吴某能以与妻子分居2年为依据要求离婚吗？

律师指点

根据我国《婚姻法》第三十二条第三款的规定，夫妻因感情不和分居满2年提出离婚的，人民法院应当进行调解；如感情确已破裂，调解无效，应准予离婚。但应当注意的是，夫妻分居满2年的原因应当是双方感情不睦，双方不尽夫妻义务而分居，也就是说此处的"分居"仅是因感情不和而分开居住，而不是因为其他客观原因导致的分居，比如是工作、学习、患病住院、住房紧张等。分居的时间应是持续2年，不能累计，有的夫妻分分合合，分居时断时续，那么分居应以最后"分"的时间计算。就分居的形式来说，不能简单地理解为分开居住，只要是夫妻感情不和，双方互不尽同居、扶助义务，经济独立，就应认定为夫妻分居。但是分居满2年不是离婚的绝对条件，不是说只要分居2年就是"夫妻感情确已破裂",就一定准许离婚,还是要看双方夫妻感情是否破裂。

在本案中,吴某是因为工作原因与妻子周某分开,并不是因为两人感情不和导致的分居。而且吴某每过四五个月就会回家,这并不是持续性的分居,也就是说吴某与周某的分居并不是婚姻法意义上的分居。吴某可以向周某提出离婚,但是如果周某不同意,吴某向人民法院提出离婚诉请,法院也不会以夫妻分居已满2年为由判决吴某与周某离婚的。在实践中,分居2年的认定是需要提供大量证据证实的,尤其是在分居不分房或是不离家的情况更加难以证实分居满2年。而且即便分居2年,但夫妻双方仍然有和好的可能,夫妻感情没有完全破裂,人民法院也可以判决不准离婚的。

法条依据

《中华人民共和国婚姻法》

第三十二条第三款 有下列情形之一,调解无效的,应准予离婚:

……

(四)因感情不和分居满二年的;

……

8. 夫妻一方被宣告死亡,是否意味着婚姻关系消灭?

情景再现

王某与妻子陈某的相识起源于一次英雄救美,那次陈某在街边买东西,突然间有两个人把陈某背在身后的背包抢了下来,拔腿就跑。这一抢不仅将背包抢走,还将陈某拉倒在地,导致胳膊摔破血流不止,陈某被这突如其来的事故吓傻了,加上身上所受的伤,只能坐在地上不住地哭泣。从陈某身边路过的王某看到有女孩被这么欺负,血气上涌追了上去,与抢包的两人扭打起来,将包抢回来了,并教训了两人。回来之后还将陈某送到了医院,这一来二去两人开始熟悉起来，并且逐渐坠入爱河，不久之后便结婚了。

婚后，陈某才发现丈夫王某不务正业，主要工作就是给别人的酒吧"看场子"，但王某对陈某的真心不假，待陈某也很好，因此二人的生活也还算幸福，除了偶尔王某打架后会带着伤回去，这一点令陈某很是难过。

好景不长，有一天丈夫王某对陈某说自己惹上了一些事情，要去外面躲一阵，为了不连累陈某，先不与陈某联系，说完之后王某就离开了家。自此之后的五年里，陈某一直在等待王某，但却一直等不回丈夫，陈某心灰意冷之下准备开始新的生活，于是向法院申请宣告丈夫王某死亡，法院受理之后依照程序作出了宣告死亡的决定。

后来，陈某在生活中遇到了张某，二人感情一步步加深到了谈婚论嫁阶段，最后张某、陈某二人领取结婚证成为夫妻。生活一段时间之后，戏剧性的事情发生了，陈某的前夫王某回来了，并找到陈某，这种情况下该如何处理呢？王某已被宣告死亡，那么王某与陈某的婚姻关系是否已经消灭呢？

律师指点

宣告死亡，是指自然人离开住所，下落不明达到法定期限，经利害关系人申请，由人民法院宣告其死亡的法律制度。根据我国《民法通则》第二十三条的规定，公民有下列情形之一的，利害关系人可以向人民法院申请宣告他死亡：（一）下落不明满四年的；（二）因意外事故下落不明，从事故发生之日起满二年的。战争期间下落不明的，下落不明的时间从战争结束之日起计算。所以，在没有意外事故发生的情况下，公民一般下落不明满四年的，利害关系人就可以向法院申请宣告他死亡。宣告死亡与自然死亡有相同法律后果，被宣告死亡人与其配偶之间的婚姻关系消灭；继承开始，继承人开始继承遗产；受遗赠人可以取得遗赠等。对此，《最高人民法院关于贯彻执行〈中华人民共和国民法通则〉若干问题的意见（试行）》第三十七条有明确的规定，被宣告死亡的人与配偶的婚姻关系，自死亡宣告之日起消灭。当然，宣告死亡只是一种法律上的推定，并不等于被宣告死亡的人实际上已经死亡，如果被宣告死亡的人重新出现的，可以申请人民法院撤销死亡宣告。但撤销后，被宣告死亡的人与其配偶的婚姻关系并不必然恢复，要视其配偶是否再婚而定。如果其配偶尚未再婚的，夫妻关系从撤销死亡宣告之日起自行恢复；如果其配偶再婚后又离婚或者再婚后配偶又死亡的，则不得认定夫妻关系自行恢复。

本案中，王某离开住所下落不明已有五年，其妻子陈某依法申请法院宣告王某死亡，完全符合法律规定。法院宣告王某死亡以后，陈某与王某的婚姻关系自宣告死亡之日起消灭。一旦王某回来，法院会撤销对王某的死亡宣告，但两人的婚姻关系是否还存在，取决于王某的妻子陈某是否再婚，如果陈某没有再婚，则王某与陈某的婚姻关系自撤销死亡宣告之日起自行恢复；如果陈某再婚，则陈某和王某的婚姻关系消灭。而在本案中，王某被宣告死亡后，妻子陈某与张某又结婚了，所以应当认为陈某与王某的婚姻关系已经消灭。

法条依据

《中华人民共和国民法通则》

第二十三条 公民有下列情形之一的，利害关系人可以向人民法院申请宣告他死亡：

（一）下落不明满四年的；

（二）因意外事故下落不明，从事故发生之日起满二年的。

战争期间下落不明的，下落不明的时间从战争结束之日起计算。

第二十四条第一款 被宣告死亡的人重新出现或者确知他没有死亡，经本人或者利害关系人申请，人民法院应当撤销对他的死亡宣告。

《最高人民法院关于贯彻执行〈中华人民共和国民法通则〉若干问题的意见（试行）》

37.被宣告死亡的人与配偶的婚姻关系，自死亡宣告之日起消灭。死亡宣告被人民法院撤销，如果其配偶尚未再婚的，夫妻关系从撤销死亡宣告之日起自行恢复；如果其配偶再婚后又离婚或者再婚后配偶又死亡的，则不得认定夫妻关系自行恢复。

9. 夫妻一方被判刑，另一方能否要求离婚？

情景再现

陈某与妻子韩某是大学同学，在大三的时候相恋，一路走来相亲相爱。毕业后陈某考取公务员走上了仕途，韩某在某国企的招聘中脱颖而出，成为了国企的职工，二人工作稳定后决定结婚，几乎成为了大学所有同学羡慕的情侣。

婚后，二人更加努力工作，几年内陈某凭着一股韧劲不断进步，拥有了一官半职。韩某也在国企中通过努力坐上了部门主管的位置。随后两人按计划要了一个孩子，一切都是顺风顺水，可就是因为日子过得太顺利了，使得陈某开始过分得意并且行为变得不检点，在工作中也不断利用自己的职位获得一些灰色收入，直到有一天没有控制住自己，将手上掌握的一大笔国家资金装进了自己的口袋，这件事情并没有向妻子提起，妻子韩某也并不知情，但不久之后陈某贪污的事情就被纪委查出，经过调查后，检察院依法将陈某以贪污罪起诉至法院，法院经过审理判处了陈某有期徒刑数年。

陈某进入监狱对于妻子韩某来说犹如晴天霹雳，带着孩子的她感情受到了极大的伤害，但她更害怕陈某的事情对他们年幼的孩子造成影响，于是向陈某提出离婚，但遭到了陈某拒绝。无奈之下韩某决定向法院提出离婚诉讼请求，希望结束与丈夫陈某的婚姻关系，陈某除了贪污并没有做出其他伤害两人感情的事情，在这样的情况下，法院会同意韩某的离婚诉讼请求吗？

律师指点

本案是离婚案件经常出现的如何认定夫妻感情破裂的问题之一，根据我国《最高人民法院关于人民法院审理离婚案件如何认定夫妻感情确已破裂的若干具体意见》第十一条规定，夫妻一方被依法判处长期徒刑（一般指5年以上），或者违法、犯罪行为严重伤害夫妻感情的，视为夫妻感情确已破裂，一方坚决要求离婚的，经调解无效，可依法判决准予离婚。本案中，丈夫被判刑入狱，如果韩某的确无法原谅丈夫的罪行，感到内心经受巨大的折磨，夫妻关系确实不能再维持下去了，法院会考虑此情况，依法作出准予离婚的判决。

在离婚案件中，除了一方当事人存在符合法定的离婚条件的情况外，法院一般都是做调解工作或者判决不准许离婚。这里的法定离婚条件包括上述所说的夫妻一方被依法判处长期徒刑（一般指5年以上），或者违法、犯罪行为严重伤害夫妻感情。对于婚姻一方严重违法的人，另一方提出离婚，从某种程度上来说，也是一种权利。所以，在婚姻中更要严格遵守法律，维护家庭社会的和谐。

法条依据

《中华人民共和国婚姻法》

第三十二条　男女一方要求离婚的，可由有关部门进行调解或直接向人民法院提出离婚诉讼。

人民法院审理离婚案件，应当进行调解；如感情确已破裂，调解无效，应准予离婚。

……

《最高人民法院关于人民法院审理离婚案件如何认定夫妻感情确已破裂的若干具体意见》

人民法院审理离婚案件，准予或不准离婚应以夫妻感情是否确已破裂作为区分的界限。判断夫妻感情是否确已破裂，应当从婚姻基础、婚后感情、离婚原因、夫妻关系的现状和有无和好的可能等方面综合分析。根据婚姻法的有关规定和审判实践经验，凡属下列情形之一的，视为夫妻感情确已破裂。一方坚决要求离婚，经调解无效，可依法判决准予离婚。

……

11.一方被依法判处长期徒刑，或其违法、犯罪行为严重伤害夫妻感情的。

……

10. 现役军人的配偶想离婚要经过对方同意吗？

情景再现

嫁给一个军人，一直是张小天的梦想。在她看来，军人是这世界上最有责任感、最有血性的男人。终于在 2008 年的一天，一个偶然的机会让她认识了正在边境服役的军人——王超。在张小天看来，这是上天对她的眷顾，让她有可以嫁给军人的机会。于是，她一直主动和王超联系，王超的一切在她看来都是那么的帅。两个月后，两人终于确定了恋爱关系。王超在部队表现一直很好，在服役期满后，留在了部队。此时两人已经交往一年，双方都很满意，就在 2009 年的 5 月 1 日，他们走入了婚姻的殿堂。

但是，婚后的生活并不是张小天想象中的那样甜蜜。王超常年在部队和战友一起生活，对生活上的事缺乏细心，而且责任感太强有点大男子主义。每次，小天晚上出去和朋友吃饭唱歌都会受到王超的阻止，并且限定小天必须把和朋友在一起的情况拍照发给他，并且每天晚上十点之前回家。起初，小天认为这是夫妻新婚如胶似漆的表现，心里还挺高兴。但到后来，小天每次和异性朋友打电话发短信王超都会检查她的手机，而且他还限制小天和异性朋友通话的时长，行为越来越过分。并且家里家外的一切事情都要小天来打理，王超从来不会操心料理家里的事。久而久之，两人因为这些事情吵架的次数越来越多，夫妻间的感情也在争吵中破碎，小天有了想要离婚的念头。她告诉了王超，希望征得王超的同意，两人好聚好散，协议离婚。但是，王超对离婚这件事说什么都不同意，并且因为小天要离婚而对小天拳打脚踢。小天被伤透了心，对这段婚姻彻底绝望了。

在 2014 年的 8 月 3 日，小天把王超告上了法院要求离婚。但是，法院却不予受理。法院为什么不受理小天的离婚诉讼呢？法院这么做究竟对不对？

律师指点

本案是关于现役军人离婚的问题。我国《婚姻法》第三十三条规定："现役军人的配偶要求离婚，须得军人同意，但军人一方有重大过错的除外。"其中"现役军人配偶要求离婚，须得军人同意"是军婚特别保护制度的内容体现，但为了使该制度更加完善，此条还规定了"军人一方有重大过错的除外"。这就意味着现役军人的配偶在对方存在重大过错的情况下可以提出离婚，也可以要求军人一方进行损害赔偿。

对现役军人婚姻实行特别保护是党和国家一贯的政策，军人在我国有着特殊的地位，人民军队为保护人民民主国家、社会主义建设奉献着青春甚至付出了生命，因此，对于现役军人的利益应当进行特别保护，以免战士寒心，付出一切却得不到公平的对待。这种特别保护归根到底是在保护国家和人民的利益，对于现役军人的配偶也是公平的，现役军人的配偶同时还享有军属的优待，因此权利义务是均等的。这种保护是指人民法院在处理现役军人婚姻纠纷的案件中，如果军人一方没有存在重大过错，非军人一方没有重要的原因且夫妻婚姻感情基础较好的话，应当以说服教育为主对当事人进行劝导，对该类婚姻纠纷进行调解，并且不得判决准许离婚。如果军人一方确实存在重大过错，可以准予离婚。这里的重大过错是指军人一方存在重大违法行为破坏夫妻感情的，例如军人重婚或与他人同居，实施家庭暴力、虐待、遗弃家庭成员或者有赌博吸毒等恶习以及其他严重伤害夫妻感情的行为。

案例中张小天要离婚，需要征得王超的同意。这是我国法律对军人婚姻权利的重视与保护，我国《婚姻法》第三十三条规定："现役军人的配偶要求离婚，须得军人同意，但军人一方有重大过错的除外。"但王超不同意离婚之后实施了虐待张小天的行为，夫妻感情因此破裂，张小天可以起诉离婚，法院应当准予离婚并依法作出判决。

法条依据

《中华人民共和国婚姻法》

第三十三条 现役军人的配偶要求离婚，须得军人同意，但军人一方有重大过错的除外。

11. 无民事行为能力的子女能否由父母代为提起离婚诉讼？

情景再现

颜如玉从小到大一直是被人羡慕的对象，她不但长得漂亮，而且还特别聪明，高考的时候她考上了国内最好的大学。在这四年里，颜如玉的追求者可以从教室一直排到校门口，但颜如玉一个都不喜欢。直到颜如玉毕业了，她进了一家外企工作。在这里，她遇到了后半生中最重要的人——张生。张生风趣幽默又很认真负责，正好是颜如玉喜欢的类型。所以，张生一追她，她便答应了。不到三个月他俩便结婚了。

可能交往时间太短，张生来不及了解颜如玉。婚后，张生发现颜如玉不是自己所想的那样，她有些无趣、呆板而且十分执拗。每次张生想让颜如玉跟他一块去见朋友，颜如玉都会说不想去，这让他很苦恼。朋友们都说他是没老婆。终于有一天张生喝醉了，他没有控制住自己，和颜如玉为了这件事情吵了起来，并对颜如玉大打出手，颜如玉因此胳膊骨折。张生清醒之后，哭诉自己多么浑蛋，乞求颜如玉的原谅。虽然颜如玉最终原谅了他，但夫妻感情受到很大伤害。颜如玉不仅不跟他去参加聚会，而且就连跟他睡一间房间都不愿意了，她老是对张生说她这段时间需要调整。张生心中苦闷，经常独自喝闷酒，喝醉了回来就打颜如玉。到了后来，张生干脆就限制了颜如玉的人身自由，不让她出门、打电话，每天要对颜如玉虐打好几次。颜如玉终于顶不住，精神崩溃了。这时，张生才醒悟，把颜如玉送到了医院并且通知了颜如玉的父母。颜如玉的爸爸看到原本快乐聪明的女儿变成现在疯疯癫癫的样子，恨不得杀了张生。他想代替女儿向法院提起离婚诉讼，不知道可不可以？

律师指点

本案是有关无民事行为能力人离婚的问题。在离婚诉讼中，无民事行为能力人主要是指完全不能辨认自己行为的精神病人、植物人等。根据我国《民事诉讼法》第五十七条、《民法通则》第十七条第一款的规定，无民事行为能力的精神病人应该由他的配偶担任其监护人，代理其进行诉讼活动。但在离婚诉讼中，被监护人的配偶也是当事人之一，因而不能代理无民事行为能力人作为原告提起和自己的离婚诉讼，应该由其他有监护资格的人作为法定代理人代理其提起诉讼。对此，《最高人民法院关于贯彻执行〈中华人民共和国民法通则〉若干问题的意见（试行）》第十四条有明确规定，即前一顺序有监护资格的人对被监护人明显不利的，人民法院可以根据对被监护人有利的原则，从后一顺序有监护资格的人中择优确定。

本案中，颜如玉是无民事行为能力的精神病人，依法应该由她的丈夫张生担任监护人，但因为无民事行为能力人提起的是离婚诉讼，张生自身为被告，且颜如玉的精神失常完全是张生一手造成的，根据我国《民法通则》第十八条第三款的规定，可以申请撤销张生的监护人资格。根据对被监护人有利的原则，应从后一顺序有监护资格的人中择优确定。颜如玉的父亲可以作为颜如玉的法定监护人，依法代为提起和参加离婚诉讼，保护颜如玉的合法权益。但是，值得注意的是，法定代理人代理无民事为无行为能力人提起离婚诉讼，其目的是为了维护无行为能力人的婚姻权、财产权和其他权益，代理人对被代理人是否离婚，无权作出意思表示，而是由人民法院根据当事人的婚姻状况和有关法律规定，作出是否离婚的裁判。

法条链接

《中华人民共和国民事诉讼法》

第五十七条 无诉讼行为能力人由他的监护人作为法定代理人代为诉讼。法定代理人之间互相推诿代理责任的，由人民法院指定其中一人代为诉讼。

《中华人民共和国民法通则》

第十七条 无民事行为能力或者限制民事行为能力的精神病人，由下列人员担任监护人：

（一）配偶；

（二）父母；

（三）成年子女；

（四）其他近亲属；

（五）关系密切的其他亲属、朋友愿意承担监护责任，经精神病人的所在单位或者住所地的居民委员会、村民委员会同意的。

第十八条第三款 监护人不履行监护职责或者侵害被监护人的合法权益的，应当承担责任；给被监护人造成财产损失的，应当赔偿损失。人民法院可以根据有关人员或者有关单位的申请，撤销监护人的资格。

《最高人民法院关于贯彻执行〈中华人民共和国民法通则〉若干问题的意见（试行）》

14.人民法院指定监护人时，可以将民法通则第十六条第二款中的（一）、（二）、（三）项或者第十七条第一款中的（一）、（二）、（三）、（四）、（五）项规定视为指定监护人的顺序。前一顺序有监护资格的人无监护能力或者对被监护人明显不利的，人民法院可以根据对被监护人有利的原则，从后一顺序有监护资格的人中择优确定。被监护人有识别能力的，应视情况征求被监护人的意见。

12. 起诉离婚后又后悔了，还可以撤诉吗？

现实困惑

周某与丈夫张某感情一直很好，前几年张某的大哥因买房向张某借了三万块钱，去年就已经到期了，但是大哥一点说要还的意思也没有。周某与丈夫说了几次让张某去找大哥要这个钱，但是张某总觉得都是亲兄弟，何必这么急呢，便一直没去要。今年张某与周某的儿子要结婚了，正是用钱的时候，周某几次暗示大哥该还钱了，大哥都装糊涂不予理会。周某便让丈夫张某去向大哥要这个钱，张某还是不愿意去，周某便以离婚相要挟，说"这日子咱们过着就紧吧了，你还光想着面子，是大哥怎么了，大哥借了钱就不用还了？

他没有说要还你还就不要了，三万块钱，咱家正缺，你要是不去要账，我是没法跟你过了，离婚！"张某一开始也没有在意妻子说出来的话，以为妻子是生气着急才说出口的，并没有当真。谁知过了两天张某却收到了法院的传票，这才知道妻子是真的生气了。

张某找到大哥说明了情况，大哥也不好意思了，主动还了钱还劝说周某不要离婚，都不是什么大不了的事。亲戚朋友们也都劝周某说："都在一起过了这么多年了，感情一直不错，如今孩子也要结婚了，你这为了这点小事就要离婚，不值当的。"张某也几次找到周某，希望能与其和好，还保证说以后家里的事情都听周某的。其实，周某在向法院递交起诉状的那一刻就后悔了，如今周某自己也觉得事情做得过了，毕竟两人的感情一直很好，如今孩子也要结婚了，于是也不想与丈夫离婚了。那么，在这种情况下，周某是否可以向法院申请撤诉呢？法院又是否会准许呢？

律师答疑

根据我国《民事诉讼法》及相关司法解释的规定，提起离婚诉讼的当事人在人民法院受理案件后直至宣告判决前，可以撤回起诉，是否准许，由人民法院裁定。一般情况下，只要符合以下情形，人民法院都会裁定准予撤诉：（1）申请撤诉的人是提起诉讼的当事人本人或者其法定代理人或者经过特别授权的委托代理人；（2）申请撤诉是出于自愿而非受他人强迫；（3）申请撤诉必须符合法律规定，即撤诉不得侵犯国家、集体或者他人的合法权益，不得规避法律；（4）申请撤诉必须在宣判以前提出。人民法院一旦裁定准予撤诉，则不再继续行使审判权，诉讼即告终结。原告撤诉的离婚案件，没有新情况、新理由，6个月内又起诉的话，人民法院是不会再受理的。

根据本案的具体情况，周某与丈夫张某多年来感情一直很好，此次提起离婚诉讼完全属于冲动之举，根本不具备法定的离婚条件，所以只要周某在法院宣判前自愿提出撤回离婚诉讼的请求，人民法院一般会裁定准予撤诉。

法条链接

《中华人民共和国民事诉讼法》

第一百四十三条 原告经传票传唤，无正当理由拒不到庭的，或者未经法庭许可中途退庭的，可以按撤诉处理；被告反诉的，可以缺席判决。

第一百四十五条 宣判前，原告申请撤诉的，是否准许，由人民法院裁定。

人民法院裁定不准许撤诉的，原告经传票传唤，无正当理由拒不到庭的，可以缺席判决。

13. 当事人收到一审离婚判决后，可以马上再婚吗？

现实困惑

冷某与丈夫宋某结婚十几年感情一直不太好，冷某一直都知道宋某在外边有别的女人，但是为了孩子一直没有说破。前一段时间，冷某也遇到了对自己十分不错而自己又十分喜欢的男人，如今孩子也大了，她不想再委屈自己了。冷某便想，既然感情已经到了这种不可挽回的地步那就离婚吧。但是当冷某提出要与宋某离婚时，宋某却不同意了，宋某认为离婚就要分割夫妻共同财产，而他是无论如何也不想把自己挣的钱就这样分给冷某的。冷某更加觉得宋某实在是对自己没感情了，自己为这个家付出了这么多年，宋某如今却说出这样的话来。这样的婚姻实在没有再继续下去的必要了，交涉无果，冷某只好起诉到法院，请求法院判决二人离婚。人民法院经过审理，认为冷某和宋某之间的感情确已破裂，婚姻也已经没有再存在下去的必要，遂认为其二人符合法定离婚的条件，判决二人离婚。

冷某拿到法院的一审判决书后，与现任的男朋友庆祝，两人都很高兴，当即决定去登记结婚，于是二人便来到婚姻登记管理机关。婚姻登记管理机关的工作人员查看了两人提交的证明材料，发现冷某的离婚判决是前两天才收到的，根据我国《民事诉讼法》的规定，冷某所持的离婚判决还没有经过上诉期，也就是该份法院判决还没有发生法律效力，婚姻登记处遂以冷某还没有完全摆脱前段婚姻，也就是冷某的前段婚姻事实还存在为由拒绝为冷某与其男友办理结婚登记。那么，婚姻登记处的说法是否符合法律规定呢？冷某与其男友何时才能去办理结婚登记呢？

律师答疑

根据我国《民事诉讼法》的规定，我国实行两审终审制。在一审程序发生之后，当事人之间的民事法律关系并没有就此结束，这时会产生一个为期十五天的上诉期。也就是说，在一审判决书送达后，当事人可以在十五天内提出上诉，在十五天内未提出上诉的，一审判决才发生法律效力；如果一审判决送达后当事人在十五天内提起上诉，那么一审判决就不发生法律效力，这里所提到的十五天即是上诉期。但是由于我国法律规定二审程序是终审程序，那么二审判决就是终审判决，判决书送达后立即发生法律效力。也就是说，在通常情况下如果当事人不上诉，人民法院的第一审判决就要在送达十五日后才能发生法律效力；但是如果是二审程序中的判决，那么判决书送达后就立即会发生法律效力。除此之外，我国《民事诉讼法》为了防止婚姻关系当事人在收到判决书，而判决书发生效力之前又另行结婚的行为，还明确规定宣告离婚判决时，必须告知当事人在判决发生法律效力前不得另行结婚。

本案中，冷某虽然拿到法院的离婚判决书，但是其收到法院的判决书仅仅两天，所以该判决尚未发生法律效力，冷某与宋某的婚姻关系还未解除，她与现男友便立即前往婚姻登记管理机关办理结婚登记的行为是非法的。即使办理了结婚登记，其婚姻关系也是无效的，不能得到法律的保护。如果宋某在收到判决书十五日内没有对离婚判决提起上诉，那么该判决书就发生了法律效力，冷某与宋某的婚姻关系即告解除，冷某可与其男友去办理结婚登记。

法条链接

《中华人民共和国民事诉讼法》

第一百四十八条第三款、第四款 宣告判决时，必须告知当事人上诉权利、上诉期限和上诉的法院。

宣告离婚判决，必须告知当事人在判决发生法律效力前不得另行结婚。

第一百六十四条第一款 当事人不服地方人民法院第一审判决的，有权在判决书送达之日起十五日内向上一级人民法院提起上诉。

……

第二节 婚姻效力

14. 父母可以申请宣告子女的婚姻无效吗？

情景再现

甲与乙是表兄妹关系，从小一起玩耍、一起学习，青梅竹马，感情非常深厚。大学毕业后，两人又在一起工作。日久生情，在相互照顾中两人都对彼此产生了深深的爱恋。在感情进一步加深之后，两人经过商议决定结婚，厮守终生，白首不分离。

当甲和乙向其双方父母以及亲朋好友表达出要结婚的想法之后，遭到了亲友们的强烈反对，他们认为甲乙二人是表兄妹关系，属于法律上规定的三代以内旁系血亲，他们二人结婚后生出的孩子患有遗传病的几率大，影响孩子健康。甲乙表示可以不要孩子，但是就是要在一起。为了阻止甲乙二人登记结婚，使二人尽快断绝关系，甲的父母私自将甲的身份证藏了起来，乙的父母不允许乙出门见甲。

甲乙二人感情十分深厚，向对方立下誓言，海枯石烂，此生都要在一起。所以，为了避开亲友的阻挠，两人作出了一个大胆的决定——私奔。一天，乙趁着父母不注意，偷跑出来，与甲会合后，二人一起迁到了另外一座无人认识的城市。甲乙伪造了身份证，使用假的身份证在当地办理了结婚登记，二人如愿生活在了一起。

甲乙的双方父母知道之后，十分气愤，多方寻找他们二人的踪迹，最终通过甲的密友找到了甲乙二人。双方父母分别把甲、乙强行带回家，亲朋好友动之以情、晓之以理，但是无论怎样劝说，甲乙都坚决表示不会分开，誓要在一起。双方父母无奈，但是也不能接受甲乙结婚的事实，最终选择向当地人民法院提出申请，请求宣告甲乙二人的婚姻无效。那么，甲乙的婚姻真的属于无效婚姻吗？甲乙双方的父母有权这样做吗？

律师指点

本案是关于近亲结婚的问题。我国《婚姻法》第七条第一项明确规定，直系血亲和三代以内的旁系血亲禁止结婚。本案中，甲与乙为表兄妹关系，属于法律规定的三代以内旁系血亲。所以，即使甲与乙感情非常深厚，法律也禁止其二人结婚，不能为其办理结婚登记。

我国《婚姻法》第十条第二项规定，有禁止结婚的亲属关系的婚姻无效。本案中，甲与乙之间属于法律上禁止的亲属关系。所以，即使甲乙伪造了身份信息，办理了结婚登记，他们的婚姻也是无效的，不能受到法律的保护。纵观古今中外，禁止近亲结婚成为法律的通例，这主要是基于优生的考虑。近亲结婚很容易把双方生理上的缺陷遗传给后代，影响家庭幸福，危害民族健康。相反，没有血亲关系的人之间的婚姻，能创造出在体质上和智力上都更加强健的人。

关于申请宣告婚姻无效的主体，我国法律规定，除婚姻当事人可以申请外，婚姻当事人的利害关系人也可以向法院申请婚姻无效，对于以有禁止结婚的亲属关系为由申请宣告婚姻无效的，为当事人的近亲属。本案中，甲乙两人各自的父母都是甲乙的近亲属，属于法律上规定的利害关系人，因此，可以成为申请宣告甲乙婚姻关系无效的主体。

法条依据

《中华人民共和国婚姻法》

第十条 有下列情形之一的，婚姻无效：

……

（二）有禁止结婚的亲属关系的；

……

《最高人民法院关于适用〈中华人民共和国婚姻法〉若干问题的解释（一）》

第七条 有权依据婚姻法第十条规定向人民法院就已办理结婚登记的婚姻申请宣告婚姻无效的主体，包括婚姻当事人及利害关系人。利害关系人包括：

……

（三）以有禁止结婚的亲属关系为由申请宣告婚姻无效的，为当事人的近亲属。

……

《最高人民法院关于贯彻执行〈中华人民共和国民法通则〉若干问题的意见（试行）》

12. 民法通则中规定的近亲属包括配偶、父母、子女、兄弟姐妹、祖父母、外祖父母、孙子女、外孙子女。

15. 受胁迫的一方请求撤销婚姻的权利受一年时效的限制吗？

情景再现

赵某天生丽质，追求者众多，但是由于她性格高傲，设定的男朋友的标准很高，所以一直没有接受任何人的追求。

赵某家邻居的儿子程某与赵某年纪相仿，两人从小一起玩耍、一起上学，结下了深厚的友谊。赵某女大十八变,出落得越来越漂亮,程某对赵某暗生情愫,但是性格内向的程某始终没有勇气向赵某表白心意。在赵某二十岁生日的时候,赵某约了一众好友庆祝,期间大家都喝了不少酒。程某借着酒劲,终于大胆地向赵某表白,表示暗恋赵某已经很久了,非常喜欢她,想和她在一起,照顾她一辈子。程某的言语感动了在场的所有人,但是赵某并没有为之所动,表示自己已经有了心上人,当场拒绝了程某。程某十分尴尬,心情极其低落。之后几天,赵某对程某态度明显冷淡了许多。时隔一周之后,程某目睹了赵某和另外一个男生十分亲热,程某对此怀恨在心。

一天,程某越想越气,决定要把赵某抢回来。于是,到了晚上,程某趁着没人注意,偷偷溜进赵某家,恰巧赵某正在洗澡,程某趁机偷拍了赵某。第二天,程某找到赵某,拿出偷拍的照片,要求赵某跟他结婚,否则就将照片公之于众。赵某非常气愤,但是没有任何其他的办法,最终只得答应与程某结婚。

程某与赵某婚后,程某借口去外地打工,带着赵某离开了家。为了防止赵某离开,程某竟然将赵某软禁起来,不让她离开房间半步。其间赵某多次设法逃走,都被程某阻挠。在他们二人结婚两年后的一天,赵某趁着程某出去接电话的机会终于逃了出来。赵某第一时间去了法院,申请撤销两人的婚姻关系。那么,可撤销婚姻的请求权有时间限制吗?经过了两年的时间,人民法院还会受理吗?

律师指点

本案是关于可撤销婚姻的问题。为了贯彻婚姻自由的基本原则,保护当事人的合法权益,我国《婚姻法》第十一条规定:"因胁迫结婚的,受胁迫的一方可以向婚姻登记机关或人民法院请求撤销该婚姻。受胁迫的一方撤销婚姻的请求,应当自结婚登记之日起一年内提出。被非法限制人身自由的当事人请求撤销婚姻的,应当自恢复人身自由之日起一年内提出。"本案中,赵某是受到程某的胁迫,无奈才与程某结婚的,属于可撤销的婚姻,赵某享有撤销权,但是应当在结婚登记之日起一年内行使撤销权。不过,赵某的人身自由被非法限制，不能及时向法院提出申请，根据法律的规定，赵某可以在恢复人身自由之日起一年内提出。所以，当赵某脱离程某的软禁后第一时间向法院提出撤销婚姻的请求是符合法律规定的，法院应当予以受理。

法律之所以对无效婚姻撤销权的行使作出时间上的限制是因为，如果受胁迫一方长期不行使这项权利，不主张撤销婚姻的效力，就会使这一婚姻关系长期处于一种不稳定的状态，不利于保护婚姻双方当事人的合法权益，也不利于维护家庭、社会的稳定。同时还可能使婚姻登记机关或者人民法院在判断是否撤销当事人婚姻时，由于时间太长而无法作出准确的判断。

法条依据

《中华人民共和国婚姻法》

第十一条　因胁迫结婚的，受胁迫的一方可以向婚姻登记机关或人民法院请求撤销该婚姻。受胁迫的一方撤销婚姻的请求，应当自结婚登记之日起一年内提出。被非法限制人身自由的当事人请求撤销婚姻的，应当自恢复人身自由之日起一年内提出。

《最高人民法院关于适用〈中华人民共和国婚姻法〉若干问题的解释（一）》

第十二条　婚姻法第十一条规定的"一年"，不适用诉讼时效中止、中断或者延长的规定。

16. 仅同居而未结婚的，产生纠纷后起诉到法院，会被受理吗？

情景再现

王宁和赵燕是一对大学恋人，大学毕业后二人一起来到王宁家所在的城市工作。由于王宁家庭困难，他的父母无钱为二人在市里买房，而赵燕的父母要求王宁家只有在市里买房赵燕才能与其结婚。迫于双方父母不断的争执，王宁与赵燕就没有结婚，但是二人却已同居。同居后，二人用他们积攒下来的"小金库"租了一套单元房，并且置办了一些家具家电，还买了一辆二手小汽车。不久后，赵燕瞒着自己的父母偷偷怀上了王宁的孩子，并于第二年产下一子，取名为王佳硕。

王宁本来以为孩子生下来老丈人和丈母娘就应该同意他和赵燕的婚事了，毕竟不看大人还得看孩子嘛！谁知道二老听说后更是气上加气，几次三番找到赵燕死说活说要把她带回家，并且威胁赵燕，如果她不听从父母的话，他们就当没生过这个女儿，自己死了也不让赵燕进家门。赵燕无奈，只得带着孩子回到了娘家。而后王宁曾趁着赵燕的父母不在家的时候偷偷去看过赵燕和孩子几次，每次见面也都免不了为房子和结婚的事争吵。这件事后来被赵燕的父母知道了，他们十分生气地找到王宁的父母，追问买房的问题，让王家给个说法，不买房他们就把闺女嫁给别人。王宁的父母自恃孙子已经生出来了，再加上经济确实不宽裕就一口咬定房肯定不买，婚爱结不结。双方话不投机以致大打出手，王宁和赵燕见双方父母已势同水火，不可挽回，两人便私下商量决定分手。但是在孩子的抚养权和财产分割上二人产生了争执，协商未果赵燕向法院提出了诉讼请求。法院会受理赵燕的诉讼请求吗？

律师指点

我国《最高人民法院关于适用〈中华人民共和国婚姻法〉若干问题的解释（二）》第一条明确规定："当事人起诉请求解除同居关系的，人民法院不予受理。"可见，如果当事人只是要求法院解除同居关系"名分"的，法院是不受理的，因为同居关系并不是法律意义上的关系，涉及不到法律，法律自然也就不能解决。该解释第一条第二款规定："当事人因同居期间财产分割或者子女抚养纠纷提起诉讼的，人民法院应当受理"。男女双方在同居中发生纠纷的往往是财产利益的分割以及所生子女的抚养等现实问题，这样的纠纷在本质上属于财产纠纷，法院应当受理。据此可以得知，法院是会受理赵燕的诉讼请求的。

人民法院审理非法同居关系的案件，如涉及非婚生子女抚养和财产分割问题，具体分割财产时，应照顾妇女、儿童的利益，考虑财产的实际情况和双方的过错程度，妥善分割。当然，法院受理当事人因同居期间财产分割或者子女抚养纠纷提起的诉讼，并不是从法律上肯定非婚同居的正当性，而是为了维护当事人的人身及财产权益。也就是说，未婚同居没有办理婚姻登记的，后来发生纠纷时也可以运用法律手段维护自身的合法权益。

法条依据

《最高人民法院关于适用〈中华人民共和国婚姻法〉若干问题的解释（二）》

第一条 当事人起诉请求解除同居关系的，人民法院不予受理。但当事人请求解除的同居关系，属于婚姻法第三条、第三十二条、第四十六条规定的"有配偶者与他人同居"的，人民法院应当受理并依法予以解除。

当事人因同居期间财产分割或者子女抚养纠纷提起诉讼的，人民法院应当受理。

17. 谁才有权利申请撤销婚姻？

情景再现

小林家在农村，从小学习成绩差，读到高中毕业便外出打工。由于文化水平较低，也没有其他技能，小林只能在餐馆打临时工，做些打扫的工作，赚些微薄的收入。城市的繁华更让小林感到生活的艰辛，正处芳龄的她也充满了对爱情的渴望，希望有一个人可以把她从这样的生活中解救出来。就在这时，隔壁餐馆新来了个男生小陈，因为工作的关系大家很快认识并熟悉了起来。小陈长相白净帅气，会关心人，所以小林对他很有好感。在得知小陈居然是自己的同乡时，小林对小陈更加喜欢，而小陈对小林似乎也与对别人不同。自然地，两人走到了一起，开始了甜蜜的恋爱。

最开始的时候，小陈对小林也是呵护有加，小林沉浸在爱河中，觉得自己是世界上最幸福的人。可惜好景不长，两个月过后，小陈慢慢像变了一个人，对小林越来越不耐烦,两人争吵不断,直至有次小陈动手打了小林,小林决心分手。没想到的是,小陈非但不同意,还再一次狠狠地打了小林,并威胁她如果不跟他结婚便让小林全家死无葬身之地。小林吓坏了,更不敢跟家里人说,便一直忍着,与小陈交往。不久之后,小陈便提出结婚,并一次次威胁小林,而小林的家人这时也开始着急她的婚事。众多压力之下,小林只好答应,两人登记结婚并举办了婚礼。

然而婚后的小陈并没有变好,而是变本加厉。小陈工作不认真被辞退,一直赋闲在家,对小林也越来越肆无忌惮,打骂成了家常便饭。终于,小林的父母发现了端倪,反复追问下女儿终于将实情相告。心疼女儿的父亲决定无论如何再也不能让女儿受苦,便向法院提出要撤销小林与小陈的婚姻,却被法院驳回。法院工作人员告诉小林的父亲,他没有权利申请撤销小林和小陈的婚姻。那么,法院工作人员的说法是正确的吗?究竟谁才有权利申请撤销他们的婚姻呢?

律师指点

本案是关于可撤销婚姻的问题。对此,我国《婚姻法》第十一条有明确的规定:"因胁迫结婚的,受胁迫的一方可以向婚姻登记机关或者人民法院请求撤销婚姻。"本案中,小陈以言语威胁小林,胁迫小林与其结婚,符合法律规定的可撤销婚姻的条件。法律明确规定,"受胁迫的一方"有权申请撤销婚姻。那么,"受胁迫的一方"是否包括小林的父亲呢?我国《婚姻法解释(一)》第十条第二款规定:"因受胁迫而请求撤销婚姻的,只能是受胁迫的一方婚姻关系当事人本人。"由此可知,对于小林和小陈的婚姻,只有小林即"受胁迫的一方婚姻关系当事人本人"有权申请撤销,其他任何人,包括小林的父母都无权申请。因此,法院工作人员的说法是正确的。

胁迫结婚违反了婚姻自由原则,因此法律将否定其婚姻效力的权利赋予受胁迫的当事人一方。此案反映了一些社会现象,有一定的代表性。小林的经历告诉大家,在自身权利遭到侵害时,不能逃避退缩,一味隐忍,而应去寻求身边人的帮助,学会用法律武器来保护自己,避免伤害。

法条依据

《中华人民共和国婚姻法》

第十一条 因胁迫结婚的,受胁迫的一方可以向婚姻登记机关或人民法院请求撤销该婚姻。受胁迫的一方撤销婚姻的请求,应当自结婚登记之日起一年内提出。被非法限制人身自由的当事人请求撤销婚姻的,应当自恢复人身自由之日起一年内提出。

《最高人民法院关于适用〈中华人民共和国婚姻法〉若干问题的解释(一)》

第十条第二款 因受胁迫而请求撤销婚姻的,只能是受胁迫一方的婚姻关系当事人本人。

18. 因受骗与他人结婚,还能撤销吗?

情景再现

大学女生赵某在一次朋友聚会上认识了富二代刘某。当天刘某穿了一身得体的休闲装,戴着黑框眼镜,头发干净利落,看上去不到三十岁。赵某虽然来自农村,但也从刘某的衣着看出其家境不错,一问朋友才知,刘某的父亲是做房地产生意的,据说资产过亿。饭桌上刘某周旋于大家之间,言谈举止幽默大方,时不时逗得大家大笑。赵某忍不住一直偷偷观察刘某,感觉刘某好像也总偷看自己,不觉脸红。饭后刘某又请大家去KTV唱歌,点了很多洋酒和水果,出手大方。大家玩到很晚才散去。几天过后,赵某突然接到刘某的电话,约她吃饭,赵某又惊又喜,强装镇定答应了。之后刘某经常约赵某出去,带她出入各种高级会所餐厅,这让赵某感觉一下到了天堂。虽然刘某比赵某大不少,但考虑到他对自己不错,而且家境优越,便答应了赵某的追求。

恋爱后的刘某仍然比较大方,时不时会送赵某小礼物,带她吃饭,但没怎么带她见过朋友。赵某总是觉得心里不太踏实,多次提出想要见刘某的父母,但都被刘某以各种借口一再拖延。赵某怕刘某误会自己是图他的钱,影响两人感情，便不再提起。后来，两人住到了一起，赵某发现自己怀孕了，刘某便提出登记结婚。虽然赵某觉得事有不妥，但刘某安慰她什么都不用担心，他自己就养得起她和孩子，承诺等孩子生下来之后就举办婚礼，赵某只好答应。有一天，赵某从朋友处得知真相，原来刘某并非富二代，其父母均是普通工人，只因刘某虚荣心强，办了多张信用卡，强装富二代。面对婚后的重担和即将出世的孩子，刘某再也装不下去，承认了事实。赵某又急又气，想要去申请撤销她与刘某的婚姻。那么，他们的婚姻可以撤销吗？

律师指点

赵某与刘某的婚姻不属于可撤销婚姻。我国《婚姻法》对可撤销婚姻仅规定了因胁迫结婚这一种情况，不包括因欺骗结婚的情况。而"胁迫"指的是行为人以给另一方当事人或者其近亲属的生命、身体健康、名誉、财产等方面造成损害为要挟，迫使另一方当事人违背真实意愿结婚的情况。本案中，赵某与刘某显然不属于这种情况，故不可撤销。那么，遇到一方采用欺骗手段与另一方结婚的，应该怎么办？法院对采用欺骗手段与另一方结婚的，视不同情况给予不同认定：如果隐瞒了法律上禁止结婚或婚姻无效的情形，则依据我国《婚姻法》的规定，判决婚姻无效；如果只是隐瞒了家庭经济条件等信息，那么以有效婚姻论处。

现代社会奉行婚姻自由原则，婚姻主要体现了两个个体的自由结合。多数情况下，法律并不干涉，只对少数明显违背社会发展和人类进步，或者严重违背当事人意志的情况予以干涉。这个案件告诉我们，法律是维护自身权利的有力武器，却不是万能的。在婚姻大事上，个人要保持清醒的判断和自我保护意识，以免上当受骗。

法条依据

《中华人民共和国婚姻法》

第七条 有下列情形之一的，禁止结婚：

（一）直系血亲和三代以内旁系血亲；

(二)患有医学上认为不应当结婚的疾病。

第十条 有下列情形之一的,婚姻无效:

(一)重婚的;

(二)有禁止结婚的亲属关系的;

(三)婚前患有医学上认为不应当结婚的疾病,婚后尚未治愈的;

(四)未到法定婚龄的。

第十一条 因胁迫结婚的,受胁迫的一方可以向婚姻登记机关或人民法院请求撤销该婚姻。受胁迫的一方撤销婚姻的请求,应当自结婚登记之日起一年内提出。被非法限制人身自由的当事人请求撤销婚姻的,应当自恢复人身自由之日起一年内提出。

《最高人民法院关于适用〈中华人民共和国婚姻法〉若干问题的解释(一)》

第十条第一款 婚姻法第十一条所称的"胁迫",是指行为人以给另一方当事人或者其近亲属的生命、身体健康、名誉、财产等方面造成损害为要挟,迫使另一方当事人违背真实意愿结婚的情况。

19. 结婚系被对方威胁而成,受威胁者能否申请撤销婚姻关系?

情景再现

小瑜从某知名院校艺术专业毕业后,一直在剧组里跑龙套。在一个电影杀青聚会中,小瑜认识了青年企业家孙某,双方互有好感,此后双方经过多次私密联系,最终确立了恋人关系。小瑜作为一名表演科班出身的毕业生,始终没能接演什么重要角色。于是,在男友孙某的劝导和资助下,小瑜前往韩国某知名医疗整容机构做了面部整容手术,整容效果很好。在男友孙某的多方联系下,小瑜与国内几名小有名气的导演进行了合作,从最初饰演小丫鬟等配角到后来的清宫戏格格、公主等主角,小瑜终于走上了正式演员之路,孙某的企业也因注资娱乐影视而得到长足发展。很快,男友孙某向小瑜提出了求婚请求,面对如此关心照顾自己的男友,小瑜万分感动,当即答应了孙某的求婚。

第一章 我和我的婚姻——与结婚离婚有关的法律知识

在二人紧锣密鼓地置办结婚用品时,导演梁某找到了小瑜,希望小瑜能够参演其自编自导的一部古装剧,出演费是小瑜开价的两倍,这让小瑜动了心,只好决定暂时将婚期延后,接演了这部戏。拍戏过程中,小瑜与剧中男主角苏某擦出火花,经常被娱乐杂志报道其二人私密约会。男友孙某察觉此事后,多次要求小瑜与剧组苏某保持距离,并要求尽快办理结婚登记。小瑜则认为自己如今身价不菲,又有大明星苏某的追求,嫁给一个小小的企业老板,实在没什么大的前途可言。于是,小瑜拒绝了孙某的结婚请求。孙某不甘心把一手培养好的女星小瑜送到他人身边,便威胁小瑜,声称半个月内不与之办理结婚手续,就将小瑜整容一事及部分不雅影视资料公之于众,彻底搞垮小瑜的演艺事业。为保名誉,小瑜无奈地答应了孙某的无理要求,办理了结婚登记。婚后,二人关系越见疏远,婚姻生活并不幸福,小瑜对这段婚姻有些失望和悔意,但又不想直接离婚,便想到了撤销婚姻关系的好点子。那么,像小瑜这样,结婚系被对方威胁而成,受威胁者能否申请撤销婚姻关系?

律师指点

现代社会,婚姻皆以自由为基础,以男女双方的合意为要件。我国《婚姻法》第五条就明确规定:"结婚必须男女双方完全自愿,不许任何一方对他方加以强迫或任何第三者加以干涉。"这就表明结婚是男女双方本人的自愿,既不需要征得第三方的同意,也不能是单方的自愿且将其意愿强加到对方身上。现实生活中,总是存在一方以损毁对方或其亲友的名誉、财产乃至生命为要挟,强迫对方与之缔结婚姻关系的情形,案例中小瑜的遭遇正是如此。案例中的孙某以爆料娱乐信息的方式对小瑜的名誉和财产均造成威胁,强迫小瑜与之结婚,殊不知这一行为已经构成了我国《婚姻法司法解释一》第十条中规定的缔结婚姻情形下的"胁迫"。深受其害的小瑜可以根据我国《婚姻法》第十一条的规定,向婚姻登记机关或人民法院请求撤销该婚姻。当然,鉴于缔结婚姻后,男女双方及亲属之间会形成一定的社会关系,当这种社会关系长期稳定后,法律也将尽量予以维系,因此对于没有遭受非法人身自由限制的小瑜,应该自其被胁迫结婚登记之日起一年内提出撤销婚姻的请求。

对于因胁迫结婚的，法律规定受胁迫的一方可以向有关部门申请撤销婚姻，并对这一请求规定了一定的时限。超过这一时限行使，受损害当事人将得不到法律的有效救济。在中国几千年封建社会的影响下，部分家长还存在封建大家长制的思维，进而包办、买卖婚姻，给婚姻当事人造成了一定的侵害。但是法律并未一刀切地规定因受胁迫而缔结的婚姻无效，只是在一定时间内法律赋予了被胁迫方撤销权，在撤销权有效行使前，其婚姻关系在法律上是效力待定的，若被胁迫一方在婚后自愿长期接受这种婚姻关系，那么，法律也会让这一婚姻继续有效。撤销权时限不宜过长，否则会使这一婚姻关系长期处于不稳定的状态，对婚姻双方当事人的权益，尤其是对婚后生育的子女而言，是十分不利的。

法条依据

《中华人民共和国婚姻法》

第五条 结婚必须男女双方完全自愿，不许任何一方对他方加以强迫或任何第三者加以干涉。

第十一条 因胁迫结婚的，受胁迫的一方可以向婚姻登记机关或人民法院请求撤销该婚姻。受胁迫的一方撤销婚姻的请求，应当自结婚登记之日起一年内提出。被非法限制人身自由的当事人请求撤销婚姻的，应当自恢复人身自由之日起一年内提出。

《最高人民法院关于适用〈中华人民共和国婚姻法〉若干问题的解释（一）》

第十条第一款 婚姻法第十一条所称的"胁迫"，是指行为人以给另一方当事人或者其近亲属的生命、身体健康、名誉、财产等方面造成损害为要挟，迫使另一方当事人违背真实意愿结婚的情况。

20. 当事人不服宣告婚姻无效的判决，能否提出上诉？

情景再现

小倩自小就生活在河北省某村，由于就读的高中学校距离其所在村庄较

第一章 我和我的婚姻——与结婚离婚有关的法律知识

远,需要骑自行车上学,出于安全因素的考虑,小倩父亲找到了同村的小刘,希望作为同校学生的小刘能和小倩搭伴上学,小刘当即答应了此事。一段时间后,两个情窦初开的小青年不知不觉地产生了情愫,二人利用一同骑行的机会谈起了恋爱。后来,小刘更是每天骑车载着小倩上学,二人行为颇为密切,情投意合。时间久了,双方家长也有了顺水推舟的意图。高中毕业不久,二人便办理了婚姻登记手续,过上了平淡却幸福的生活。然而,好景不长,婚后三年里小倩都没有怀孕的迹象,急于抱孙子的老刘夫妇总是在小两口面前唠叨不停,希望小两口尽早生个大胖小子。这让小刘觉得很心烦,一气之下,他向工作单位提交了辞职申请表,只身去南方打工。

刚到江苏的那段日子,小刘处处碰壁,还好有个叫晶晶的当地女孩帮衬着他,使他渡过了难关。晶晶并不知道小刘是已婚之人,小刘也丝毫不回避晶晶对他的好,小刘更是直言要追求晶晶,面对帅气又上进的小刘,已到谈婚论嫁年龄的晶晶接受了小刘的追求。此后,除了少有的几次探亲假,小刘基本都陪在晶晶身边。一年后,被蒙在鼓里的晶晶提出了结婚的要求,为了稳住晶晶,小刘只好瞒着妻子小倩在河北老家通过关系开出了一份未婚证明,并于2015年4月在晶晶的家乡江苏办理了结婚登记,小刘还给晶晶置办了一处婚房,二人从此过上了甜蜜的生活。纸毕竟包不住火,很快,小倩发现了小刘的重婚行为。2015年6月,小倩向法院提起诉讼,申请宣告小刘与晶晶的婚姻关系无效,法院依法支持了小倩的诉讼请求。晶晶觉得自己与小刘办理了婚姻登记,是合法夫妻,觉得很委屈,想要上诉。那么,婚姻被宣告无效后,当事人能否上诉?

律师指点

有配偶者又与他人登记结婚的行为不仅违背道德,更不符合法律的规定。一夫一妻制向来是我国婚姻法律中遵循的原则,违背这一原则所缔结的婚姻则是无效的,不被法律保护的。我国《婚姻法》第十条明确规定了婚姻无效的情形,重婚就是其中法定情形的一项。小刘与晶晶重婚不仅侵犯了他们个人的合法权益,也破坏了小刘与小倩之间的合法婚姻关系,给基于合法婚姻关系的小倩造成了伤害，具有一定的社会危害性，为法律所不容。小倩作为受害人依法可以向法院提出诉讼，案例中法院也依法支持了小倩的诉讼请求。

对于不服宣告婚姻无效判决的当事人晶晶，其能否上诉的问题，《最高人民法院关于适用〈中华人民共和国婚姻法〉若干问题的解释（一）》第九条作出了规定，即人民法院审理宣告婚姻无效案件，对婚姻效力的审理不适用调解，应当依法作出判决；有关婚姻效力的判决一经作出，即发生法律效力。涉及财产分割和子女抚养的，可以调解。调解达成协议的，另行制作调解书。对财产分割和子女抚养问题的判决不服的，当事人可以上诉。因此，对于不涉及财产分割和子女抚养问题的宣告婚姻无效案件，是一审终审的，当事人即便不服，也是不能提起上诉的，这是为了充分保护婚姻关系中受损害的当事人的合法权益以及社会关系的稳定和法律的严肃性。

此外，重婚还损害了负责婚姻登记的民政部门的公信力，对国家管理秩序造成一定的损害，重婚者依法还应受到刑事法律的追究。

法条依据

《中华人民共和国婚姻法》

第二条　实行婚姻自由、一夫一妻、男女平等的婚姻制度。

……

实行计划生育。

第十条　有下列情形之一的，婚姻无效：

（一）重婚的；

（二）有禁止结婚的亲属关系的；

（三）婚前患有医学上认为不应当结婚的疾病，婚后尚未治愈的；

（四）未到法定婚龄的。

《最高人民法院关于适用〈中华人民共和国婚姻法〉若干问题的解释（一）》

第九条　人民法院审理宣告婚姻无效案件，对婚姻效力的审理不适用调解，应当依法作出判决；有关婚姻效力的判决一经作出，即发生法律效力。

……

21. 有配偶者又与他人登记结婚的，其第二次婚姻有效吗？

情景再现

2008年，李丽和王浩在亲朋好友的祝福声中喜结连理。婚后不久，王浩为了生活外出打工，经常三两个月回来一次。李丽独自在家料理家务，想起远在他乡的丈夫，时常会觉得凄清孤独。

一次，在同学聚会上李丽遇见了自己上学时的恋人曾强，两人久别重逢谈了很久，傍晚分手时还都留下了对方的电话号码和地址。到家后，李丽看着四面冰冷的墙壁觉得和白天的热闹形成了鲜明的对比，心里很是难过，她打电话给自己的丈夫王浩，但电话响了许久还是没人接听。李丽越想越难过，于是借酒消愁，一边喝一边哭。哭着哭着李丽想起了今天跟自己聊天的曾强，心想："要是他在该多好啊！他那么会说话，跟他在一起我一定会很快乐的！"说着她拿出了手机，想给曾强打一电话，可转念一想这么晚了让他家人知道多不好，于是又把手机装回了口袋里，继续喝酒。迷迷糊糊中，李丽忽然听见好像有人敲门，她开门一看竟然是曾强！顿时，李丽那个委屈一下子都涌上了心头，眼泪再次扑簌簌地掉了下来。曾强见状大惊，忙问："李丽，你这是怎么了？谁欺负你了？"李丽哽咽着说："没事没事。"曾强拍着李丽的肩说："快别哭了，你走得急忘了拿咱们聚会的集体照了，我给你送过来了。"李丽接过照片擦了擦眼泪，对曾强说："进来坐会儿吧，我们家就我自己，也没个说话的。"曾强点点头随李丽来到客厅。落座后，李丽对曾强哭诉了自己的境况，曾强听后很同情这个昔日的女友。事后，曾强便经常帮助李丽，一来二去两人旧情复燃，李丽想和王浩离婚跟曾强结婚，但又怕王浩不同意，给自己找麻烦。于是，李丽和曾强背着王浩偷偷去民政部门办了结婚登记证。而后，李丽搬出了自己家住进了曾强的家里，两人开始以夫妻的名义共同生活。

后来，王浩知晓了这件事，劝说自己的妻子未果，便把李丽和曾强二人告上了法庭。法院判决李丽和曾强的婚姻无效。那么，李丽和曾强的婚姻到底有无法律效力呢？

律师指点

首先应该指出的是，因为李丽和王浩的婚姻关系并没有结束，李丽和曾强在这种情况下领取结婚证并以夫妻名义公开生活的行为已经构成了重婚。所谓重婚，是指有配偶者又与他人结婚或者明知他人有配偶而与之结婚的行为。重婚分为两种：（1）法律重婚：指前婚未解除，又与他人办理结婚登记。在实行单一登记婚的中国，只要双方办理了结婚登记，不论是否同居，重婚即已构成。（2）事实重婚：指前婚未解除，又与他人以夫妻名义共同生活，但未办理结婚登记手续。但只要双方公开以夫妻名义共同生活，虽未办理结婚登记，也已构成重婚。我国婚姻法明令禁止重婚。任何人都不得同时有两个或两个以上的配偶，一切公开的或变相的一夫多妻、一妻多夫的结合都是非法的。违反一夫一妻制的结婚不予登记；已经成立合法婚姻的男女，只有在配偶死亡（包括宣告死亡）或离婚后，始得再行结婚。

根据我国《婚姻法》第十条的规定，有以下情形之一的，婚姻无效：（一）重婚的；（二）有禁止结婚的亲属关系的；（三）婚前患有医学上认为不应当结婚的疾病，婚后尚未治愈的；（四）未到法定婚龄的。

由此可见，凡是有配偶者又与他人结婚的，或者虽然没有结婚但却以夫妻名义公开生活的、均构成重婚，而重婚行为本身就是无效的。本案中，李丽在和王浩已经登记结婚的情况下，又同曾强再次登记结婚，构成重婚行为，此婚姻不具有法律效力。

法条依据

《中华人民共和国婚姻法》

第十条 有下列情形之一的，婚姻无效：

（一）重婚的；

（二）有禁止结婚的亲属关系的；

（三）婚前患有医学上认为不应当结婚的疾病，婚后尚未治愈的；

（四）未到法定婚龄的。

第一章 我和我的婚姻——与结婚离婚有关的法律知识

22. 婚后发现配偶患有性病的，可以以此为由请求法院宣告婚姻无效吗？

情景再现

王艳艳是一个大龄女青年，年过三十的她经人介绍认识了开出租车的李军。李军大艳艳一岁，人看上去老实厚道，因此深得艳艳父母的喜欢。在父母和亲朋好友的劝说下，艳艳答应了她和李军的婚事。婚后，李军每天都加班很晚才回家，而且到家后倒头便睡，连衣服都不脱，根本没有一点想和艳艳亲近的意思。即使艳艳有时主动向李军示好，李军也以工作太累为由拒绝了艳艳。艳艳为此感到十分纳闷。

一次在收拾屋子时，艳艳意外地发现了一张医院开出的化验单。艳艳懂得不多，但她清楚地看到李军的名字和"梅毒"这两个字。艳艳大惊失色，当即拿着化验单找到了李军，追问事由。无奈下，李军承认自己有性病，但自己正在积极地接受治疗，不碰艳艳也是怕害了艳艳。李军请求艳艳原谅自己，并等待自己痊愈后和艳艳重新开始新的生活。

这件事像个晴天霹雳，艳艳的心里是七上八下。她知道首先李军是个好人，不然自己说不定早就染上了梅毒，可是话又说回来，这种病很难治愈，两人在一起日子久了，就怕……艳艳几经考虑最后还是决定和李军离婚，但李军坚决不同意，他声称自己是真爱艳艳的，请艳艳相信在不久的将来一切都会好起来的，而且自己婚后并没有什么过错，如果艳艳非要离婚，那么家里所有的财产艳艳一律不能带走，包括艳艳的陪嫁。艳艳无奈，只得向人民法院提起诉讼。法院宣判，因李军婚前患有性病，婚后并未治愈，李军和艳艳的婚姻是无效婚姻。艳艳终于拿回了本来属于自己的东西，并且离开了李军。

律师指点

根据我国《母婴保健法》第八条的规定，婚前医学检查包括对严重遗传性疾病、指定传染病及有关精神病的检查。可见，医学上认为不应当结婚的疾病主要包括这三种疾病。该法第三十八条对这三种疾病的范围作了限定：（1）指定传染病，是指我国《传染病防治法》中规定的艾滋病、淋病、梅毒、麻风病等以及医学上认为影响结婚和生育的其他传染病。根据我国《母婴保健法》第九条的规定，经婚前医学检查，对患指定传染病在传染期内或者有关精神病在发病期内的，医师应当提出医学意见；准备结婚的男女双方应当暂缓结婚。（2）严重遗传性疾病，是指由于遗传因素先天形成，患者全部或者部分丧失自主生活能力，后代再现风险高，医学上认为不宜生育的遗传性疾病。根据我国《母婴保健法》第十条的规定，此类患者在双方同意下，采取长效避孕措施或者施行结扎手术后不生育的，可以结婚。（3）有关精神病，是指精神分裂症、躁狂抑郁型精神病以及其他重型精神病。

另外，根据最高人民法院《关于人民法院审理离婚案件如何认定夫妻感情确已破裂的若干具体意见》第一条"一方患有禁止结婚疾病的，或一方有生理缺陷，或其他原因不能发生性行为，且难以治愈的"之规定可推知，关于有生理缺陷（即无性行为能力）能否结婚，我国实行愿者不禁的原则，即如果一方明知对方无性行为能力，但愿意与之结婚，婚姻登记机关不"干涉"。但如果婚前不知，婚后发现"上当"可以以此为由起诉离婚。

法律上禁止患有特定疾病的人结婚的主要目的是为了防止疾病传染给他人或遗传给下一代，影响人口素质。李军在和艳艳结婚之前就患有梅毒，并且婚后尚未治愈。按照我国《婚姻法》及《母婴保健法》的规定，梅毒是性病的一种，属于法律指定的传染病，患有此病的人未经治愈禁止结婚。根据我国《婚姻法》第十条的规定，本案中艳艳和李军的婚姻属于无效婚姻，法院宣告此次婚姻无效是正确的。

法条依据

《中华人民共和国婚姻法》

第七条 有下列情形之一的，禁止结婚：

（一）直系血亲和三代以内的旁系血亲；

（二）患有医学上认为不应当结婚的疾病。

第十条 有下列情形之一的，婚姻无效：

（一）重婚的；

（二）有禁止结婚的亲属关系的；

（三）婚前患有医学上认为不应当结婚的疾病，婚后尚未治愈的；

（四）未到法定婚龄的。

23. 只举行了婚礼未到民政部门进行登记，这样的婚姻有效吗？

情景再现

孟焦和谭月同村，两人年龄相仿、脾气相投，相恋两年后，1999年8月，在双方父母的主持下举行了婚礼。因为结婚时二人还没有达到法定结婚年龄，所以只举行了婚礼，而没有进行婚姻登记。婚礼过后，日子一长，两个人也就淡忘了这件事。

2003年10月份，谭月即将临盆，村里的产婆说谭月怀的是双生子，在家里生危险，而且现在国家有规定不在医院生不给办户口，没有户口分地时就没有孩子的地。于是，孟焦带着谭月来到了山外小镇上的医院里。在办理住院手续的时候，医院要求提供二人的结婚证明，两人顿时傻了眼，才想起结婚证还没有办理。孟焦央求道："我们结婚可是全村老小都见到的，还需要什么证明啊！你就给我们办了吧，我老婆要生了，你们总不能让她生在大街上吧？"医院表示如果不能提供结婚证就无法给他们办理住院手续，因为这是规定。孟焦十分着急，连忙向一些产妇家人打听，才知道原来到医院生孩子都是要提供结婚证、准生证等证明材料的。可是，现在谭月即将临盆，自己又不知道该怎么办理，可怎么办呢？正在这时，孟焦想起了住在镇上的大表姐，于是带着谭月来到了大表姐家里。大表姐听说了他们的事忍不住笑了出来，"你们结婚好几年了，居然没有登记？"孟焦不好意思地说："大表姐，我这不是忘了嘛！你看看，谭月都快生了，你给想想办法。"谭月也在一边帮腔：

"大表姐,你就帮帮我们吧,咱村的接生婆说我怀的是俩,在家生危险。"大表姐点点头说:"你们放心吧,我帮你们想办法。"

在大表姐的帮助下,孟焦和谭月终于在谭月临盆前顺利地办理了结婚证和孩子的准生证。终于,2003年11月2日,谭月在医院里顺利产下了一对龙凤胎。

律师指点

结婚行为只有满足一定的法定条件才能得到法律的承认和保护。我国对此行为实施结婚登记制度。只有到有关婚姻管理部门登记,婚姻才具有法律效力。我国《婚姻法》第八条规定:"要求结婚的男女双方必须亲自到婚姻登记机关进行结婚登记。符合本法规定的,予以登记,发给结婚证。取得结婚证,即确立夫妻关系。未办理结婚登记的,应当补办登记。"在未补办登记之前,男女双方不存在合法有效的婚姻关系,相互不存在夫妻的权利和义务。在补办登记之后,男女双方的"同居关系"转化为合法的婚姻关系。

我国传统的结婚形式是举行婚礼,但法律对结婚是否一定要举行婚礼未做规定。而按照我国《婚姻法》的规定,婚姻实行登记制度,进行登记是使婚姻合法有效的必经程序,因此,结婚必须依法办理结婚登记,不能以是否举行仪式作为婚姻是否成立的标志,更不能以仪式代替登记。没有进行登记的婚姻是无效婚姻。本案中,孟焦和谭月在举行婚礼时未达到法定结婚年龄,后来又没有补办结婚登记,所以他们的婚姻关系在法律上是无效的,在生孩子的时候才会遇到这样的麻烦。

法条依据

《中华人民共和国婚姻法》

第八条 要求结婚的男女双方必须亲自到婚姻登记机关进行结婚登记。符合本法规定的,予以登记,发给结婚证。取得结婚证,即确立夫妻关系。未办理结婚登记的,应当补办登记。

第二章

我和我的配偶
——夫妻间法律知识

第一节　夫妻权利义务

1. 丈夫与他人同居，妻子在不离婚的前提下可否请求丈夫对其进行损害赔偿？

情景再现

　　杨颖和李刚来自同一个城市，二人从小学起就是同学，学习成绩也不相上下。初中的时候，老师将两人安排到一桌，从那时起，李刚喜欢上了杨颖，并开始追求她。因为年纪还小，杨颖并没有对李刚的追求给予回应，反而刻意疏远他。后来二人升入了同一所高中，虽然不在一个班，但李刚还是经常找理由见杨颖，关心她，送她礼物。杨颖的态度还是不冷不热，但因高考的压力，李刚也就作罢。填报考志愿时，李刚打听到了杨颖报考的学校，自己也填了同一所学校，于是两人又到了同一所大学读书。

　　大学期间，李刚对杨颖展开了正式的追求，经常约她一起吃饭，看电影，送一些贵重的礼物。杨颖如果不接受，李刚就不依不饶，甚至发动杨颖的舍友来劝说她。在李刚这样强烈的追求下，杨颖终于答应了做他的女朋友。杨颖考虑到自己也到了该恋爱的年纪，李刚无论从外貌还是家庭还是学历都与自己相配，虽然自己不那么喜欢他，但李刚多年来确实一直对自己不错，而且这几年也没有别的追求者，选择李刚应该不会错。就这样，二人恋爱直到毕业，李刚的父母托关系为两人在县城找了工作，买了房子。毕业一年后，二人顺其自然地步入了婚姻的殿堂。

　　新婚期间，两人非常甜蜜，李刚对杨颖也一如既往地好。不久杨颖便怀孕，几个月后生下了他们的儿子。怀孕期间的杨颖觉得李刚对她越来越冷淡，但一

053

直自我安慰是自己疑神疑鬼。孩子出生后，李刚非但没有表现出对孩子的喜爱，反而工作越来越忙，出去应酬的次数和时间越来越多。杨颖起了疑心，但也没有精力纠缠此事。直到有一天杨颖在丈夫的手机上看到了一条短信，有人竟然叫自己的丈夫"老公"，并催他回家。杨颖感觉天昏地暗，跟丈夫闹起来，逼问之下，李刚才说出自己出轨的事实。对方是李刚单位的女同事，且两人已住在了一起。杨颖心灰意冷，要离婚，但李刚却不肯。在亲友的调解下，李刚表示会结束婚外情，并不再犯，杨颖也答应再给他一次机会。事情虽然平息了，但杨颖内心的屈辱和愤怒没有消减，她觉得无论如何要给丈夫一个教训，便向法院起诉，要求李刚对其进行损害赔偿。那么，法院会支持杨颖的诉求吗？

律师指点

杨颖的诉求没有法律依据，法院不会支持。我国《婚姻法》第四十六条规定，有配偶者与他人同居而导致离婚的，无过错方有权请求损害赔偿。本案中丈夫李刚与他人同居，但他与妻子杨颖并未离婚，那么妻子是否有权申请损害赔偿呢？对此，我国相关司法解释有明确的规定。我国《最高人民法院关于适用〈中华人民共和国婚姻法〉若干问题的解释（一）》第二十九条规定："承担婚姻法第四十六条规定的损害赔偿责任的主体，为离婚诉讼当事人中无过错方的配偶。在婚姻关系存续期间，当事人不起诉离婚而单独依据该条规定提起损害赔偿请求的，人民法院不予受理。"具体到本案中，李刚在婚姻关系存续期间与他人同居，这时如果二人离婚，杨颖则有权请求损害赔偿，但如果二人不离婚，则杨颖不能请求损害赔偿，法院也不会支持。换句话说，无过错方请求赔偿的前提条件有两个：一是对方有法律规定的过错；二是夫妻二人因此离婚。本案中，我们只能从道德上对李刚的行为进行谴责。

法条依据

《中华人民共和国婚姻法》

第四十六条 有下列情形之一，导致离婚的，无过错方有权请求损害赔偿：

（一）重婚的；

（二）有配偶者与他人同居的；

（三）实施家庭暴力的；

（四）虐待、遗弃家庭成员的。

《最高人民法院关于适用〈中华人民共和国婚姻法〉若干问题的解释（一）》

第二十九条 承担婚姻法第四十六条规定的损害赔偿责任的主体，为离婚诉讼当事人中无过错方的配偶。

人民法院判决不准离婚的案件，对于当事人基于婚姻法第四十六条提出的损害赔偿请求，不予支持。

在婚姻关系存续期间，当事人不起诉离婚而单独依据该条规定提起损害赔偿请求的，人民法院不予受理。

2. 离婚时一方可否因在照顾老人方面尽了较多义务而要求另一方予以补偿？

情景再现

王振龙和肖华是一对十几年的老夫妻。王振龙在一家国企当中层管理者，肖华则是市医院的一名护士，二人有一个女儿，生活过得简单幸福。然而2010年的一场车祸改变了这个家庭的命运。2010年底，王振龙的父母从老家赶来过年，因为雾霾太大，在高速路上出了车祸，王振龙的父亲当场死亡，母亲经抢救虽然无生命危险，却成了植物人。这场车祸给这个小家庭带来了重大的打击。夫妻二人像是一夜间老了十几岁，懂事的女儿也学会了自己照顾自己，不给爸妈添麻烦。办完父亲的丧事后，全家面临的是谁来照顾母亲的现实问题。王振龙的收入较妻子来说好一些，且多年来也一直是由肖华照顾家里的饮食起居，考虑到经济等多方面的原因，二人商议决定肖华辞去工作照顾婆婆和女儿。为了让丈夫安心工作，肖华辞去工作后一心照顾婆婆，安排一家人的生活，十分辛苦，有时可能忽略了对丈夫的关心。肖华每天都盼望婆婆能早日醒来，一家人又能幸福地生活在一起。可惜天不遂人愿，五年后，婆婆还是去世了。

婆婆的去世让大家都很伤心，但同时也终于松了一口气。几年的高压生活让肖华一时缓不过来，对丈夫和女儿的关心也越来越少。没想到几个月后，丈夫提出了离婚，理由是二人的感情已经破裂。肖华非常难过，但也表示同意。财产分割时肖华要求丈夫对其多年来对家庭的付出予以补偿。肖华的要求是否合理，是否有法律依据？

律师指点

肖华的要求虽然合理，但没有法律依据。我国《婚姻法》第四十条明确规定："夫妻书面约定婚姻关系存续期间所得的财产归各自所有，一方因抚育子女、照料老人、协助另一方工作等付出较多义务的，离婚时有权向另一方请求补偿，另一方应当予以补偿。"由此可见，只有在夫妻书面约定财产归各自所有的，双方在离婚时，一方对家庭尽了较多义务的才有权向另一方请求补偿；如果不存在夫妻约定分别财产制的情形，则不存在补偿的问题。本案中，肖华为了照顾婆婆辞掉了自己的工作，为这个家庭尽了较多的义务，但她与丈夫没有就婚姻关系存续期间所得的财产约定归各自所有，所以在离婚时自然就不能要求对方给予补偿。

从道德层面讲，我们认为丈夫王振华应对妻子多年来的付出有所表示，但从法律层面讲，肖华的要求没有法律依据。他们离婚时，财产应按照协议或者法律的规定正常分割，肖华不可以要求多分夫妻共同财产。

法条依据

《中华人民共和国婚姻法》

第四十条 夫妻书面约定婚姻关系存续期间所得的财产归各自所有，一方因抚育子女、照料老人、协助另一方工作等付出较多义务的，离婚时有权向另一方请求补偿，另一方应当予以补偿。

3. 怎样才算家庭暴力？什么程度的家庭暴力构成犯罪？

情景再现

唐一清与马艳芳同在一家事业单位上班，八年前经同事介绍成为男女朋友。两人恋爱十个月后便登记结婚。婚后第二年，马艳芳发现丈夫与单位一名女子关系暧昧，便提出此事，没想到惹来丈夫的大怒，并动手打了马艳芳一巴掌。挨了打的马艳芳感觉十分委屈，也不敢跟父母说起，只能跟朋友哭诉。朋友一边安慰她，一边为她支招。有的说男人打女人坚决不能容忍，必须离婚，让他后悔一辈子；有的说唐一清也是一时气愤，失手打了她，算不得什么大事，离婚可不能说离就离。马艳芳虽然哭得泪不成行，但心里还是比较理智，想到几个月大的孩子，她是没有勇气离婚的，况且她也没有抓到丈夫和那个女人的证据，只是觉得他们言语间有点暧昧，丈夫整体来讲还是比较顾家的，对她和孩子也不错。就在这时，丈夫唐一清打来电话，询问马艳芳的情况，说话间满是愧疚，几度哽咽，希望马艳芳能原谅他，回家好好过日子。听到这些，马艳芳的心理防线彻底崩溃，急忙哭着跟丈夫道歉，马上回了家。到家后，二人抱头痛哭，冰释前嫌，唐一清又向马艳芳解释他与那个女人没有任何关系，让她不要胡思乱想，马艳芳也说是自己太敏感了。事情就这样过去了。

又过了五年，马艳芳发现丈夫的行为有些奇怪，接电话有时三两句敷衍过去，手机的短信也删得一干二净，应酬也突然多了起来。马艳芳有种很不好的直觉，便开始跟踪丈夫。终于在一次下班后，马艳芳发现丈夫并没有像他说的去应酬，而是去了离单位不远的一间出租房，马艳芳的心瞬间跌到了谷底。马艳芳气冲冲地冲进去，揪住那个女人就打，没想到丈夫非但没有帮她，反而死死护着那个女人，狠狠地推开她。马艳芳非常绝望，把事情闹到了单位，这把唐一清惹恼了，提出要跟马艳芳离婚。马艳芳死活不同意，唐一清便再次动手打了她。之后马艳芳坚决不同意离婚，也不接受亲朋好友的劝解，两人冲突不断，唐一清愤怒之下一次次动手打马艳芳，且一次比一次下手狠，直到最后一次将她打成重伤。唐一清的行为是否属于家庭暴力，又是否构成犯罪？

律师指点

唐一清的行为属于家庭暴力，且已经构成犯罪。2015年12月27日，第十二届全国人民代表大会常务委员会第十八次会议通过了《反家庭暴力法》，该法第二条规定："本法所称家庭暴力，是指家庭成员之间以殴打、捆绑、残害、限制人身自由以及经常性谩骂、恐吓等方式实施的身体、精神等侵害行为。"本案中，丈夫唐一清多次殴打妻子，致使妻子受伤，其行为显然属于家庭暴力。

根据我国《最高人民法院关于适用〈中华人民共和国婚姻法〉若干问题的解释（一）》第一条的规定，持续性、经常性的家庭暴力，构成虐待。案件中，因离婚事宜没有谈妥，唐一清经常对妻子大打出手，已经构成虐待。那么，又是否构成犯罪呢？

《反家庭暴力法》第三十三条规定："加害人实施家庭暴力，构成违反治安管理行为的，依法给予治安管理处罚；构成犯罪的，依法追究刑事责任。"我国《刑法》第二百六十条规定："虐待家庭成员，情节恶劣的，处二年以下有期徒刑、拘役或者管制。犯前款罪，致使被害人重伤、死亡的，处二年以上七年以下有期徒刑。"本案中的丈夫唐一清在妻子马艳芳拒绝离婚后，经常对其进行殴打，最后一次还将妻子打成重伤，依据上述法律规定已经构成犯罪，应处以二年以上七年以下有期徒刑。

综合本案可知，夫妻偶尔的口角或动手并不能构成刑法上的犯罪，我国法律上规定的虐待罪除了有"暴力"这一关键词之外，还有一个很重要的组成部分就是暴力的"持续性、经常性"。虐待家庭成员造成严重后果，如重伤、死亡的，适用升格的法定刑。

法条依据

《中华人民共和国反家庭暴力法》

第二条 本法所称家庭暴力，是指家庭成员之间以殴打、捆绑、残害、限制人身自由以及经常性谩骂、恐吓等方式实施的身体、精神等侵害行为。

第三十三条 加害人实施家庭暴力，构成违反治安管理行为的，依法给予治安管理处罚；构成犯罪的，依法追究刑事责任。

《最高人民法院关于适用〈中华人民共和国婚姻法〉若干问题的解释（一）》

第一条 婚姻法第三条、第三十二条、第四十三条、第四十五条、第四十六条所称的"家庭暴力"，是指行为人以殴打、捆绑、残害、强行限制人身自由或者其他手段，给其家庭成员的身体、精神等方面造成一定伤害后果的行为。持续性、经常性的家庭暴力，构成虐待。

《中华人民共和国刑法》

第二百六十条 虐待家庭成员，情节恶劣的，处二年以下有期徒刑、拘役或者管制。

犯前款罪，致使被害人重伤、死亡的，处二年以上七年以下有期徒刑。

第一款罪，告诉的才处理，但被害人没有能力告诉，或者因受到强制、威吓无法告诉的除外。

4. 发现丈夫与他人同居，从法律上来说妻子可采取的做法有什么？

情景再现

柴女士的丈夫秦先生在香港一家上市公司上班，工作做得很不错，近年来职位不断高升，收入也相当可观。柴女士则带着儿子和女儿长期生活在深圳。生活好些后，秦先生在深圳为全家购置了一套别墅，柴女士非常高兴，带着一双儿女搬了进去。由于长期两地分居，柴女士和丈夫多年来处于聚少离多的状态，她也曾想过要跟随丈夫到香港工作，但由于两个孩子已经适应了深圳的生活和学校，也需要有人照顾。此外，柴女士学历不高，工作能力一般，到香港找工作都是问题，因此就放弃了这个想法。近年来，丈夫一路高升，给她们母子三个提供了非常好的生活条件，柴女士照顾孩子虽然辛苦，但也乐在其中。随着两个孩子渐渐长大，柴女士经常在周末的时候带着两个孩子去看望丈夫，一家人其乐融融。

059

秦先生的职位越来越高，工作自然也越来越忙，柴女士在家偶尔听到一些风言风语，说丈夫在外面有了人。她讨厌那些乱嚼舌根的人，而且想着丈夫对自己和这个家有多好，便更觉流言可笑。不过话说三人成虎，流言听得多了，柴女士的心里多少有点怀疑。因为这几年孩子的功课越来越紧，他们去香港探望丈夫的次数也比较少，柴女士和丈夫的沟通也大都在孩子身上。因为没有什么证据，柴女士不愿意轻信流言而怀疑丈夫，但还是觉得要多去看看丈夫，创造两个人的相处空间。于是在一个临近周末的日子，柴女士请了几天假，把孩子安顿好，便收拾行李一个人去了香港。

这一去对于柴女士来说犹如晴天霹雳，她在丈夫的房间发现了另一个女人的衣服、鞋子还有其他用品，追问之下丈夫承认了他与别人同居的事实。柴女士没有哭，也没有闹，而是一个人默默地回了深圳。那么，得知丈夫与他人同居，作为妻子的柴女士可采取的做法有什么？

律师指点

根据我国法律规定，柴女士可采取的做法大概有三种。

首先，根据我国《婚姻法》第三十二条第三款的规定，重婚或有配偶者与他人同居，调解无效的，应准予离婚。因此柴女士可请求法院判决离婚。有配偶者与他人同居是严重破坏一夫一妻制原则的违法行为，也是人民法院裁判准予离婚的法定理由，受害方可以据此向人民法院请求离婚。

同时，我国《婚姻法》第四十六条明确规定，有配偶者与他人同居导致离婚的，无过错方有权请求损害赔偿。秦先生与他人同居，若柴女士和他因此离婚，则柴女士有权因秦先生的出轨行为向其请求损害赔偿。

另外，根据我国《最高人民法院关于适用〈中华人民共和国婚姻法〉若干问题的解释（二）》第一条第一款的规定，当事人起诉请求解除同居关系的，人民法院不予受理。但当事人请求解除的同居关系，属于婚姻法第三条、第三十二条、第四十六条规定的"有配偶者与他人同居"的，人民法院应当受理并依法予以解除。秦先生作为有配偶者与他人同居，柴女士可以起诉请求法院解除秦先生与第三者的同居关系。

法条依据

《中华人民共和国婚姻法》

第三条第二款 禁止重婚。禁止有配偶者与他人同居。禁止家庭暴力。禁止家庭成员间的虐待和遗弃。

第三十二条第三款 有下列情形之一，调解无效的，应准予离婚：

（一）重婚或有配偶者与他人同居的；

……

第四十六条 有下列情形之一，导致离婚的，无过错方有权请求损害赔偿：

（一）重婚的；

（二）有配偶者与他人同居的；

（三）实施家庭暴力的；

（四）虐待、遗弃家庭成员的。

《最高人民法院关于适用〈中华人民共和国婚姻法〉若干问题的解释（二）》

第一条第一款 当事人起诉请求解除同居关系的，人民法院不予受理。但当事人请求解除的同居关系，属于婚姻法第三条、第三十二条、第四十六条规定的"有配偶者与他人同居"的，人民法院应当受理并依法予以解除。

5. 从法律角度看，丈夫有权要求妻子在家做全职太太吗？

情景再现

刘东是当地一家族企业的继承人，是名副其实的富二代。刘东从小亲眼见证了爷爷和父亲为打下这片江山所做的努力，再加上妈妈的教育，刘东很懂事，完全不像有些富二代那样不务正业。他凭着自己的努力考上了北京一所不错的大学，攻读工商管理学位。大学期间，刘东认识了比自己小一届的师妹白雨欣，二人迅速坠入爱河，谈了一场甜蜜的校园恋爱。白雨欣的家庭很普通，父母都是中学教师，在得知刘东的家庭背景后，白雨欣表示了自己的担心，一方面她怕自己的家庭和他差距太大，另一方面担心刘东要回家继承家业，自己不能做自己喜欢的工作了。对此，刘东一再安慰她，表示自己的父母也都是白手起家，很通情达理，对他的终身大事没有过多要求，非常尊重他的个人意愿。刘东的行动让白雨欣很安心。二人也探讨过工作的事，刘东说爷爷和父亲的年纪越来越大，他们自然是希望自己早日回去继承家业。刘东虽然不愿意依靠父母，但如果没有合适的工作，依然会考虑回去继承家业。刘东说这不仅是他一个人的事，更多的是他对这个家应尽的责任。同时刘东答应白雨欣，让她做自己喜欢的工作，并表示不要太辛苦。白雨欣非常感动。

毕业后，刘东的家人为两人举行了盛大的婚礼。刘东也自然地到自家公司上班。白雨欣在找工作的过程中发现自己怀孕了，与丈夫商量之后，她决定先安心养胎，把孩子带好再出去工作。一年之后，女儿降生，全家人都很高兴。一年的哺乳期对于年轻的白雨欣来说实在有些漫长。在刘东家生活的这一年多，她感受到公婆确实通情达理，对她也很好，可谓是羡煞旁人的幸福。但不知为什么，她还是有一个强烈的念头想要自己挣钱，毕竟总被别人养着并非白雨欣这个当代女性的追求。照顾孩子的间隙，她便到处投简历，找工作。看着丈夫还在应对工作的压力，她也不好提起此事，便一直瞒着。

几个月后，一家证券公司给了她答复，要求她去面试。白雨欣便把此事告诉了丈夫。没想到丈夫没有兑现他的承诺，反而认为孩子太小，她应该留在家照顾孩子到孩子上学。白雨欣心里很不是滋味，怨丈夫说话不算话，且哺乳期马上结束了，她应尽的责任都尽了，如果等到孩子上学，那自己的价值便越来越小，工作更不好找。刘东不明白为什么家里不缺钱妻子还要一心出去挣钱。二人僵持不下。试问，丈夫有权要求妻子在家做全职太太吗？

律师指点

刘东不能要求妻子在家做全职太太，除非妻子自愿。这个问题比较简单。我国《宪法》第四十二条第一款明确规定："中华人民共和国公民有劳动的权利和义务。"宪法赋予了每个公民劳动的权利，任何人都不能剥夺和干涉。同时我国法律赋予了妇女在社会生活的各个方面与男子平等的权利。我国《宪法》第四十八条第一款即规定:"中华人民共和国妇女在政治的、经济的、文化的、社会的和家庭的生活等各方面享有同男子平等的权利。"即使是互有夫妻间权利义务关系的丈夫对妻子是否参加劳动,也是不能干涉的。因此,丈夫刘东不能阻止妻子去工作,侵犯其劳动的权利。

同时我国《婚姻法》第十五条规定:"夫妻双方都有参加生产、工作、学习和社会活动的自由,一方不得对他方加以限制或干涉。"可见,夫妻之间是平等的,双方都有工作的权利和自由,应该相互尊重。具体到本案中,刘东没有权利要求妻子在家做全职太太,如果妻子执意出去工作,他也是不能阻止的。本案中的情况在现实中非常常见,很多女性在婚后辞掉了自己的工作,一心照顾家庭,久而久之便失去了工作的能力和热情。对于独立自强的新时代女性来说,如果婚后仍想拥有自己的事业,可以跟丈夫及家人诉说自己内心的想法。遇到阻碍的话,不要忘记劳动是宪法赋予每个人的权利,任何人都不得干涉。

法条依据

《中华人民共和国宪法》

第四十二条第一款 中华人民共和国公民有劳动的权利和义务。

第四十八条第一款 中华人民共和国妇女在政治的、经济的、文化的、社会的和家庭的生活等各方面享有同男子平等的权利。

《中华人民共和国婚姻法》

第十五条 夫妻双方都有参加生产、工作、学习和社会活动的自由,一方不得对他方加以限制或干涉。

6. 丈夫丧失劳动能力,是否有权要求妻子履行扶养义务?

情景再现

村民周树发与妻子徐桂花结婚十年。周树发在镇上的一家工厂打工,每月有近千元的收入,徐桂花则在家务农,照看孩子和老人。2013年冬天,周树发在工地上出事,从十几米高的楼上摔下,造成下肢瘫痪。由于事故的发生是因为周树发的违规操作,因此工地上只给了10万元的补偿。这10万元对于周树发的病来说,只是杯水车薪,很快便花光,家里的积蓄也所剩无几。更严重的是,周树发因此丧失了劳动能力,再也不能到工地挣钱养家,甚至生活都无法自理,需要专人的照顾。徐桂花一边种着几口薄地养家糊口,一边要照顾丈夫和孩子,力不从心。虽然亲戚朋友都给了些帮助,但也只能解解燃眉之急,全家还是过着吃了上顿没下顿的日子,转眼孩子升初中的学费都成了问题。几个月下来,徐桂花有些支撑不住,再次去医院询问大夫,丈夫的病到底能不能治。在得到否定的答案后,她回家带着两个孩子毅然决然地离开家,到县城去打工。

周树发见妻子出走,到处求人寻找不见,无奈自己什么都做不了,现在只能靠年迈的父母照顾,三个人的日子过得很惨。乡里乡亲非常同情他们,也觉得徐桂花太过无情。就这样过了几个月,同村的小周在打工时碰见了徐桂花,便把消息带了回来。周树发一家得知后赶紧想办法联系徐桂花,求她回家。几天之后,徐桂花带着两个孩子回来了,只见她一身衣服很是时髦,孩子也都穿得干干净净。原来,因为徐桂花有缝纫的好手艺,在县城一家制衣厂找了个工作,每月有三千多元的收入,几个月下来也攒了不少钱。周树发原以为妻子回来了,全家团聚,日子又能好好过了,怎么也没想到妻子这次回来并不是为了团聚,而是来和他离婚的。周树发和公婆怎么也不能接受,徐桂花一气之下便又带着孩子离开,留下三个人无依无靠。就这样又过了将近一年,徐桂花杳无音信,没有回家探望过丈夫,更没有往家寄过一分钱。那么,丈夫周树发有权跟妻子要钱,要求她尽扶养义务吗?

律师指点

丈夫周树发有权跟妻子徐桂花要钱,要求她尽扶养义务。我国《婚姻法》第二十条第一款规定:"夫妻双方有互相扶养的义务。一方不履行扶养义务时,需要扶养的一方,有要求对方付给扶养费的权利。"所谓夫妻之间的扶养义务主要是夫妻之间相互为对方提供经济上的供养和生活上的扶助,以此来维持日常的生活。在法治社会，夫妻之间的权利义务不仅仅受舆论道德的约束，更有法律的明确规定。本案中丈夫周树发丧失了劳动能力和生活能力，在二人婚姻关系存续期间，他有权要求妻子徐桂花付给扶养费，并尽相关扶养义务。这种扶养义务严格来讲，不仅包括经济上的供养，还包括生活上的扶助，本案中的妻子徐桂花这两者都没有做到。

另外，根据我国《刑法》第二百六十一条的规定，对于年老、年幼、患病或者其他没有独立生活能力的人，负有扶养义务而拒绝扶养，情节恶劣的，处五年以下有期徒刑、拘役或者管制。具体到本案中，如果妻子徐桂花有能力扶养而拒绝履行对周树发的扶养义务，情节恶劣的话，则有可能构成遗弃罪，会被追究刑事责任。

法条依据

《中华人民共和国婚姻法》

第二十条 夫妻有互相扶养的义务。

一方不履行扶养义务时，需要扶养的一方，有要求对方付给扶养费的权利。

《中华人民共和国刑法》

第二百六十一条 对于年老、年幼、患病或者其他没有独立生活能力的人，负有扶养义务而拒绝扶养，情节恶劣的，处五年以下有期徒刑、拘役或者管制。

第二节 夫妻财产

7. 婚后一方父母出资购买并登记在其子女名下的房产归谁所有？

情景再现

林雪和罗强相识于大学校园，两人经历了四年美好的恋爱时光，感情深厚。大学毕业后，两人共同考上了本校的研究生继续深造。研二过半，学校事情暂且告一段落，二人开始面临实习和工作。一番商议过后，二人达成一致，林雪愿意追随罗强到他的家乡——北方某县城工作，罗强因此很感动。双方父母见面之后对二人都比较满意，商讨二人婚事，还都建议他们先成家再立业，也好安心工作。因林雪和罗强仍然研究生在读，决定先领证，毕业后再办婚礼。林雪的父母见罗强家底还算殷实，父母也通情达理，承诺会出资给二人购置婚房，便没有就此事多谈。

就这样，二人在研究生在读期间领证结婚，算是裸婚一族。婚后不久，罗强的父母便带林雪去看房，经常咨询她的意见，林雪很是感动。多次比较和商议后，林雪看中了在市中心的一个中档的楼盘，126平方米的房子，三室一厅，房款60万元。罗强的父母痛快地付了全部的房款，并告知了林雪和她的父母。林雪父母很高兴，觉得女儿终于有了落脚的地方，后半辈子生活有了保障。这时，林雪和罗强都已毕业，离定的婚礼举办日期也越来越近，林雪的父母提出想看房产证。林雪父母在发现房产证上写的是罗强的名字时就不高兴了，他们认为，女儿已经和罗强结婚，房子是在二人婚后购买的，无论是谁出的钱，房产证上都应该有林雪的名字，房子应该是夫妻共同财产。林雪在得知此事后，心里也多少有些不痛快，但又不好当面与丈夫提及，因此对两人之间的感情产生了动摇。那么，林雪及其父母的想法是否正确呢？法律上对此又是怎么规定的呢？

律师指点

林雪及其父母的想法是不正确的，该房产属于罗强的个人财产。根据我国《最高人民法院关于适用〈中华人民共和国婚姻法〉若干问题的解释（三）》第七条的规定，虽然该房屋是在二人婚后购买的，但是由一方（罗强）父母出资且登记在出资人子女（罗强）的名下，所以，该房屋视为罗强父母对罗强个人的赠与，该房产属于罗强的个人财产。

假设房子是林雪和罗强的父母双方出资购买，则二人就可按照出资的比例共同拥有该房产。比如，罗强父母出资50万，林雪父母出资10万，那么该房的产权则由林雪和罗强按照 5:1 的比例共同拥有。另外，法律还规定了例外情况，即双方当事人不一定按照出资比例拥有此房产，双方可对房产产权或者如何分配自行约定，达成一致即可。这就是法律上讲的"有约定的从约定"，约定的优先，没有约定的才遵循法定。法律并非限制人的自由，而是在能给予的限度内给予每个人自由。

法条依据

《最高人民法院关于适用〈中华人民共和国婚姻法〉若干问题的解释（三）》

第七条 婚后由一方父母出资为子女购买的不动产，产权登记在出资人子女名下的，可按照婚姻法第十八条第（三）项的规定，视为只对自己子女一方的赠与，该不动产应认定为夫妻一方的个人财产。

由双方父母出资购买的不动产，产权登记在一方子女名下的，该不动产可认定为双方按照各自父母的出资份额按份共有，但当事人另有约定的除外。

8. 一方在婚前购置的房产会因结婚自动转为夫妻共同财产吗？

情景再现

张建从小学习成绩很好，高中毕业后顺利考上了北京一所不错的大学。大学期间张建参加了很多社团，尤其热衷于大学生创业竞赛这类活动。通过社团活动，张建的领导、组织能力都有所提高，并隐约觉得自己有一定的经济头脑，因此萌生了创业的念头。从在校园卖二手书开始，张建开始了自己的尝试，并赚到了人生的第一桶金。张建对自己越来越有信心，开始尝试更多：承包快递，餐厅外卖，校内网卖二手货等，其中有成功，也有失败，周围同学都很佩服也很羡慕。大四毕业之后，张建选择了回家继续创业。当时网购刚刚开始盛行，尤其是在大学生群体中非常吃香。张建凭着自己敏锐的经济头脑，察觉到了网购的美好前景和巨大市场，因此联系了几个志同道合的朋友，用大学创业赚的钱做资金，开起了网店，卖衣服和鞋包。也许是因为之前积累了足够的经验，得到了很多锻炼，张建的网店经营得井井有条，生意一天比一天好，没到两年，便赚足了一套房钱。网店在张建和朋友的经营下顺利运转，这时张建的家人也开始着急他的终身大事，托亲戚朋友给他介绍对象。一直沉迷于创业的张建大学期间一直没有谈恋爱，现在也终于开始考虑这个问题了，便开始了相亲。与此同时，张建用赚来的钱为自己买了一套房子，为婚后生活做准备。

经过多次相亲，张建认识了何雨萌。两人年龄相仿，同样在北京读大学，因此很聊得来。建立恋爱关系后，两人经历了几个月甜蜜的时光，到了谈婚论嫁的时候。双方家长见面后确定了婚期，两人在亲友的祝福下举办了婚礼，登记结婚。婚后二人便住在张建婚前购买的房子中。何雨萌知道房子是张建购买的，以为房子会在婚后转为夫妻共同财产，因此二人婚前没有签订有关财产的任何协议。那么，何雨萌的想法是否符合法律规定？张建婚前出资购买的房子是否在婚后自动转为夫妻共同财产了呢？

律师指点

何雨萌的想法显然是错误的，该房产婚后仍是张建的个人财产。根据我国《婚姻法》第十八条的规定可知，张建婚前自己出钱买的房屋显然是其个人财产。另外，我国《最高人民法院关于适用〈中华人民共和国婚姻法〉若干问题的解释（一）》第十九条明确规定："婚姻法第十八条规定为夫妻一方所有的财产，不因婚姻关系的延续而转化为夫妻共同财产。但当事人另有约定的除外。"由此可见，张建婚前购买的房产作为婚后共同生活的居所，不会因为婚姻关系的成立而自动转化为夫妻共同财产，且无论多长时间都不会自动转化，即与时间长短无关。除非二人对财产归属另有约定。

法条依据

《中华人民共和国婚姻法》

第十八条 有下列情形之一的，为夫妻一方的财产：

（一）一方的婚前财产；

……

《最高人民法院关于适用〈中华人民共和国婚姻法〉若干问题的解释（一）》

第十九条 婚姻法第十八条规定为夫妻一方所有的财产，不因婚姻关系的延续而转化为夫妻共同财产。但当事人另有约定的除外。

9. 婚前一方承诺赠与房产但一直未过户，离婚后赠与方可否收回房产？

情景再现

2013年，林慕阳和徐阿妹经人介绍相识，二人互有好感。一段时间的接触后，二人便建立了恋爱关系。经过几个月的恋爱，林慕阳便提出订婚。徐阿妹则感觉时间还短，两人之间不够了解，希望再多些时间接触。林慕阳答应了。又过了一段时间，林慕阳再次提及订婚的事，并许诺将他所有的一套价值50万元的商品房赠给徐阿妹。徐阿妹反复思量，感觉二人确实有感情，林对自己也不错，且林有一定的经济实力，家庭也合适，便答应了。随后，双方父母便见面商讨二人的婚礼，徐阿妹的母亲听女儿说起林慕阳要把一套房产送给女儿时，非常高兴，但转念一想，还是觉得心里没底，有些担心，便对徐阿妹说起这事儿，要徐阿妹一定让林写个字据，以防他说话不算话。徐阿妹虽然觉得母亲太传统，疑心太重，但终究拗不过母亲，便向林提起此事，想让他写个书面的证据。林慕阳痛快地答应了，当场拟好了一份赠与协议，二人签了字。

林慕阳和徐阿妹按照定好的婚期，在2014年的劳动节举办了婚礼，并登记结婚。起初的家庭生活还算和睦，徐阿妹沉浸在幸福的婚姻中，暂且把赠与房产的事放到了一边。虽然偶尔想起，母亲也总提醒过户的事，但徐怕此事会伤及二人感情，也不愿催促丈夫。一年左右，徐一直没怀上孩子，丈夫和公婆因此事对她意见越来越大，二人也经常因生活琐事争吵，终于，双方

069

不想再互相忍受，准备协议离婚。财产分割时，徐阿妹拿着赠与协议要求林慕阳将赠与她的房产过户，而林慕阳则声称这房产属于自己的个人财产，要求收回。那么：该房产究竟属于谁？丈夫林慕阳有权将其收回吗？

律师指点

该房产属于丈夫林慕阳，他有权收回自己的房子。本案中，林慕阳与徐阿妹签订的合同属于赠与合同。所谓赠与合同，指的是赠与人将自己的财产无偿给予受赠人，受赠人表示接受赠与的合同。赠与合同成立并生效后，赠与人林慕阳有义务按照合同约定将房产过户给受赠人徐阿妹。但由于赠与合同无偿的特点，法律赋予了赠与人特殊的权利——任意撤销权。我国《合同法》第一百八十六条规定："赠与人在赠与财产的权利转移之前可以撤销赠与。"

具体到婚姻关系中，法律也有明确规定。我国《最高人民法院关于适用〈中华人民共和国婚姻法〉若干问题的解释（三）》第六条明确规定："婚前或者婚姻关系存续期间，当事人约定将一方所有的房产赠与另一方，赠与方在赠与房产变更登记之前撤销赠与，另一方请求判令继续履行的，人民法院可以按照合同法第一百八十六条的规定处理。"对于本案来讲，在赠与的房屋未过户之前，如果赠与人反悔，是可以撤销赠与的。因此，案中的房产一直属于林慕阳，他当然可以将房屋收回，即撤销赠与。

这里需要注意的是，虽然赠与人可以任意撤销赠与，但这种任意撤销权也是有限制的。具有救灾、扶贫等社会公益、道德义务性质或者经过公证的赠与合同，便不允许赠与人任意撤销。赠与合同由于具有无偿性，因此有很多不同于一般合同的特点，在设立赠与合同的时候要格外注意。

法条依据

《最高人民法院关于适用〈中华人民共和国婚姻法〉若干问题的解释（三）》

第六条 婚前或者婚姻关系存续期间，当事人约定将一方所有的房产赠与另一方，赠与方在赠与房产变更登记之前撤销赠与，另一方请求判令继续履行的，人民法院可以按照合同法第一百八十六条的规定处理。

《中华人民共和国合同法》

第一百八十六条 赠与人在赠与财产的权利转移之前可以撤销赠与。

具有救灾、扶贫等社会公益、道德义务性质的赠与合同或者经过公证的赠与合同，不适用前款规定。

第一百八十八条 具有救灾、扶贫等社会公益、道德义务性质的赠与合同或者经过公证的赠与合同，赠与人不交付赠与的财产的，受赠人可以要求交付。

10. 离婚时尚未退休，一方的养老保险金是否可作为夫妻共同财产进行分割？

情景再现

2008年初，31岁的李丽经人介绍认识了比自己大两岁的孙广泰，二人都属于大龄未婚，家里非常着急。当时李丽在市里一家国有企业工作，孙广泰则在私人企业打工，二人收入都不错，生活也算稳定。两人见了一面便开始恋爱，三个月后订婚，年底便登记结了婚。因为年龄都比较大，婚后的二人一心想赶紧生个孩子，让父母也早日抱上孙子，不再整天羡慕别人家。可喜的是，没过多久李丽就怀孕了，几个月后便生下了一个健康可爱的女儿。原本生活应该朝着幸福的方向发展，可惜事不如愿。孙广泰老家在农村，父母都是农民，孙广泰是他们家三代单传的儿子，他结婚晚已经把家里人急坏了，好不容易盼到他结婚，一心盼望儿媳肚子争气，生个儿子。在李丽怀孕期间，婆婆可算是尽心尽力照顾，还请算命的掐算孩子的性别，得知是儿子后，不知有多高兴。孙女出生后，孙家老两口的心跌到了谷底，对儿媳的态度更是有了三百六十度的大逆转，总是挑儿媳的不是。李丽虽觉委屈，但仍希望能从丈夫那儿得到安慰。没想到的是，丈夫的态度也是不冷不淡，对女儿不是很亲密，对其父母的态度也不管不问。细想之下，李丽才明白，其实丈夫重男轻女的观念一点不亚于他的父母，是两人接触时间太短导致二人并不十分了解，本就不深厚的感情经过一次次争吵也消耗得所剩无几，遂提出离婚。

孙广泰答应了离婚，二人对女儿及财产问题进行协商。女儿归李丽抚养，孙广泰按月付给女儿抚养费。但关于李丽的养老保险金问题，二人产生了争议。李丽认为自己的养老保险金是个人的，但孙广泰却主张养老保险金属于夫妻共同财产。那么，谁的想法是正确的呢？

律师指点

此案件中的问题稍微复杂，但法律对此有明确规定。首先根据我国《最高人民法院关于适用〈中华人民共和国婚姻法〉若干问题的解释（二）》第十一条的规定，婚姻关系存续期间，男女双方实际取得或者应当取得的养老保险金、破产安置补偿费应当归共同所有的财产。本案中，李丽在婚姻关系存续期间实际取得或者应当取得的养老保险金应属于夫妻共同财产。

那么二人离婚时，养老保险金应如何分割？我国《最高院关于适用〈中华人民共和国婚姻法〉若干问题的解释（三）》第十三条规定："离婚时夫妻一方尚未退休、不符合领取养老保险金条件，另一方请求按照夫妻共同财产分割养老保险金的，人民法院不予支持；婚后以夫妻共同财产缴付养老保险费，离婚时一方主张将养老金账户中婚姻关系存续期间个人实际缴付部分作为夫妻共同财产分割的，人民法院应予支持。"具体到本案中，因李丽尚未退休，不符合领取养老保险金的条件，孙广泰请求分割养老保险金的要求法院不会支持；但如果养老保险费是以夫妻婚后共同财产缴付的，则孙广泰可以主张婚姻关系存续期间个人实际缴付部分作为夫妻共同财产进行分割。

法条依据

《最高人民法院关于适用〈中华人民共和国婚姻法〉若干问题的解释（二）》

第十一条 婚姻关系存续期间，下列财产属于婚姻法第十七条规定的"其他应当归共同所有的财产"：

……

（三）男女双方实际取得或者应当取得的养老保险金、破产安置补偿费。

《最高人民法院关于适用〈中华人民共和国婚姻法〉若干问题的解释(三)》

第十三条 离婚时夫妻一方尚未退休、不符合领取养老保险金条件,另一方请求按照夫妻共同财产分割养老保险金的,人民法院不予支持;婚后以夫妻共同财产缴付养老保险费,离婚时一方主张将养老金账户中婚姻关系存续期间个人实际缴付部分作为夫妻共同财产分割的,人民法院应予支持。

11. 离婚后又同居,一方死亡,另一方是否有继承权?

情景再现

娄平和肖志超于2010年在某相亲网站相识,之后恋爱结婚。结婚两年后,双方争吵不断,几次提出离婚。一次大吵之后,双方协商此事,认为二人都还年轻,也没有孩子,既然不合适,就不要勉强在一起,免得双方都不幸福,于是简单分割了财产,协议离婚。离婚后二人都开始寻找自己的幸福。相亲,朋友介绍,同事介绍,家里亲戚介绍,都见了不少人,可惜二人都没遇上合适的。2014年情人节那天,两人在一家餐厅偶然相遇,发现双方都仍然单身。二人一起吃了饭,谈起他们的相识、相知、相恋的过程和刚结婚时的甜蜜,再看看如今,不禁很感慨。谈及两人离婚的理由,现在想想竟然觉得如此可笑,当时吵得不可开交的事情现在觉得完全不值一提。于是两人都有要复合的意思。就这样,二人重新住到了一起。破镜重圆后的两人都更加珍惜这段感情,脾气也较之前好了许多,很多事情学会了心平气和地解决。尽管如此,离婚带来的阴影还是没有散去,二人都想磨合一段时间后再考虑复婚的事,也省得家人无谓的担心和顾虑,所以他们一直没有重新办理结婚登记。

幸福的日子没过多久便传来噩耗,肖志超在出差回来的路上发生车祸,经抢救无效身亡。娄平非常伤心。面对二人共同生活的地方和前夫留下的财产,娄平认为虽然二人未办理结婚登记,但自己就是肖志超的妻子,有权按照法律规定继承他的遗产,但肖志超的家人却不认同这种说法。为此,双方几次起争执。那么,我们应如何看待娄平和肖志超的关系,她究竟是否有权继承肖志超的遗产呢？

律师指点

娄平与肖志超属于同居关系，她并非肖志超的法定继承人，无权继承肖志超的遗产。由于我国婚姻法规定的变化，这个问题因结婚时间的不同而有所区别。我国《最高人民法院关于适用〈中华人民共和国婚姻法〉若干问题的解释（一）》第五条规定："未按婚姻法第八条规定办理结婚登记而以夫妻名义共同生活的男女，起诉到人民法院要求离婚的，应当区别对待：（一）1994年2月1日民政部《婚姻登记管理条例》公布实施以前，男女双方已经符合结婚实质要件的，按事实婚姻处理；（二）1994年2月1日民政部《婚姻登记管理条例》公布实施以后，男女双方符合结婚实质要件的，人民法院应当告知其在案件受理前补办结婚登记；未补办结婚登记的，按解除同居关系处理。"同时该解释第六条规定："未按婚姻法第八条规定办理结婚登记而以夫妻名义共同生活的男女，一方死亡，另一方以配偶身份主张享有继承权的，按照本解释第五条的原则处理。"本案中，娄平与肖志超于2014年再以夫妻名义居住但是未办理登记，只能按照同居关系处理，同居关系即意味着娄平并非肖志超的法定继承人，因此无权继承肖的遗产。

法条依据

《最高人民法院关于适用〈中华人民共和国婚姻法〉若干问题的解释（一）》

第五条 未按婚姻法第八条规定办理结婚登记而以夫妻名义共同生活的男女，起诉到人民法院要求离婚的，应当区别对待：

（一）1994年2月1日民政部《婚姻登记管理条例》公布实施以前，男女双方已经符合结婚实质要件的，按事实婚姻处理。

（二）1994年2月1日民政部《婚姻登记管理条例》公布实施以后，男女双方符合结婚实质要件的，人民法院应当告知其在案件受理前补办结婚登记；未补办结婚登记的，按解除同居关系处理。

第六条 未按婚姻法第八条规定办理结婚登记而以夫妻名义共同生活的

男女，一方死亡，另一方以配偶身份主张享有继承权的，按照本解释第五条的原则处理。

12. 离婚时可以要求返还彩礼吗？

情景再现

李希和铭赫是在一次朋友聚会上认识的，两人一见如故、聊得很开心，随后便顺理成章地成了男女朋友。关系确定还不到一个月，二人就都认定对方就是自己一生的伴侣了，便商量着要结婚，于是去见了双方父母。双方父母也觉得两人都是好孩子，性情也很合拍，便都没有反对。按照当地的习俗，在结婚前，男方的父母需要置备一份彩礼给女方，以表示对女方的肯定。当然，铭赫的父母非常喜欢李希，也为李希准备了一份彩礼并在办订婚典礼之前给了李希。但是李希和铭赫却因为自身原因一直没有去办理结婚登记手续。在订婚典礼之后，李希和铭赫生活到了一起。

但是生活中不乏柴米油盐酱醋茶等各种小事，由于两人在之前对双方的生活习惯了解较少，因而生活到一起之后各种矛盾便凸显了出来。两个人之间的各种差距太大，实在过不到一块，决定要分手。由于二人并没有去婚姻登记管理机关办理结婚登记，以为只要把二人的财产分割好就行了。但是在分割财产时，铭赫要求李希返还其父母给她的彩礼钱，但是李希认为彩礼钱是因为铭赫的父母对自己认可做他们的儿媳妇给的，给了就是自己的了，没有再要回去的理由，便不予返还。二人僵持不下，起诉到人民法院，法院经过审理，判决李希返还铭赫父母给其的彩礼钱。李希很不能理解法院为什么会作出这样的判决，那么法院的判决又是否有法律依据呢？

律师指点

根据我国《最高人民法院关于适用〈中华人民共和国婚姻法〉若干问题的解释（二）》第十条的规定，如果双方结婚时没有办理婚姻登记手续，那么

075

男方请求女方返还按照习俗给付的彩礼时，人民法院应当予以支持。按照传统习俗，婚姻当事人一方给付另一方的彩礼，不能单纯地归结为夫妻共有财产。通常情况下，彩礼的性质，应该可以认定为当事人一方的父母为了子女结婚的出资，按此理解，彩礼似乎属于夫妻共同财产。但是，根据《最高人民法院关于适用〈中华人民共和国婚姻法〉若干问题的解释（二）》第十条的规定，彩礼是一方给付给对方的彩礼，是以结婚为目的的，接受了彩礼，即是对婚姻的承诺，如果后来婚姻没成，彩礼一般是要还的。本案中，人民法院判决李希返还铭赫的父母给其的彩礼即是根据此条的规定。李希和铭赫并没有办理结婚登记手续，按照法律的规定，如果铭赫要求李希返还彩礼的话，李希是应当如数返还的。

除此之外，根据我国《婚姻法司法解释二》的规定，如果双方已经办理了结婚登记手续，但是当双方离婚时在两种情况下，男方还是可以请求女方返还彩礼的，这两种情况是：一是双方办理结婚登记手续但确实没有共同生活在一起的，这种情况是因为两人虽然有了法律上的婚姻关系，但是在事实上二人并没有过婚姻生活，事实婚姻关系还没有形成；二是婚前给付并导致给付人生活困难的，这种情况的规定体现了对给付人的关怀，是为了保障给付人的生活。所以，根据法律规定，在三种情形下男方是可以要求女方返还按照习俗给付的彩礼的，即双方未办理结婚登记手续的，在离婚的前提下双方办理了结婚登记手续但确未共同生活的或者婚前给付并导致给付人生活困难的。

法条依据

《最高人民法院关于适用〈中华人民共和国婚姻法〉若干问题的解释（二）》

第十条 当事人请求返还按照习俗给付的彩礼的，如果查明属于以下情形，人民法院应当予以支持：

（一）双方未办理结婚登记手续的；

（二）双方办理结婚登记手续但确未共同生活的；

（三）婚前给付并导致给付人生活困难的。

适用前款第（二）、（三）项的规定，应当以双方离婚为条件。

13. 夫妻一方得到的赔偿属于夫妻共有财产吗？

情景再现

安旭东与陈欣茹已经结婚八年了，夫妻感情一直恩爱有加，但是去年，妻子陈欣茹却遭遇了一场意外事件。一天傍晚，吃过晚饭，夫妻二人像往常一样来到小区公园遛弯，但是就在二人遛弯回家的时候，忽然从位于路边的一幢楼的二楼阳台上掉下来一个花盆，正好砸在妻子陈欣茹的头上，致使陈欣茹头部轻微破裂，并伴随有轻微脑震荡。经过协商，陈欣茹获得了花盆掉落人家赔偿的医疗费、护理费等共计三万元的费用。由于夫妻的存款一直够花，这笔钱便也一直没有动过。

最近，安旭东认识了一个朋友，朋友拉安旭东和他一起做生意，安旭东十分动心，认为一定有利可赚，可是安旭东资金不够，想要动用妻子被花盆砸到而获得的三万元赔偿金。但是安旭东的妻子陈欣茹却并不认为这门生意有利可图，不同意安旭东动这笔钱。二人为此吵过很多次，安旭东认为虽然这笔钱是妻子受伤获得的赔款，但是仍然是夫妻共同财产，自己有处分的权利。但是陈欣茹却认为，这笔钱是因为自己遭受了人身伤害而获得的赔款，自己如果不同意的话，丈夫是没有权利处分这笔款项的，因为这是属于自己一方的财产。那么，到底谁的理解正确呢？对于妻子受到人身伤害而获得的赔偿，到底是不是夫妻共同财产，丈夫到底有没有处分的权利呢？

律师指点

我国《婚姻法》中对夫妻财产的归属作出了明确的规定，第十七条是对夫妻共同财产的规定，第十八条在夫妻共同财产的基础上作出了夫妻中个人财产的规定。那么什么情况下为夫妻一方的财产呢？根据我国《婚姻法》的规定，夫妻中个人财产包含以下几种情形：一方的婚前财产；一方因身体受伤害获得的医疗费、残疾人生活补助费等费用；遗嘱或赠与合同中确定只归夫或妻一方的财产；一方专用的生活用品；还有一个兜底性的规定是其他应当归一方的财产。法律之所以规定这几种情形下的财产只属于夫妻一方所有，是因为这几种财产都具有一定的特殊性。婚前财产是一方在婚前取得的财产，与对方关系不大；第二种则与人身有密切关系；第三种是第三人明确表示只给其中一人的；第四种是属于一方专用的。由于这几种情形下财产的特殊性，所以法律规定这样的财产只属于夫妻一方所有，而不能作为夫妻共同财产。

本案中，陈欣茹获得的赔偿即是由于其身体受到伤害而获得的医疗费赔偿，即属于法律规定只属于一方财产情形中的第二种情形。法律之所以规定这种情形是因为，这种因人身权受到侵害所获得的损害赔偿费用，因其具有严格的人身性质，是用于保障受害人生活的基本费用，因此只属于一方的财产而不能以夫妻共同财产进行分割。因此，在陈欣茹不同意的情况下，安旭东是没有权利对陈欣茹获得的损害赔偿费进行处分的。

法条依据

《中华人民共和国婚姻法》

第十八条　有下列情形之一的，为夫妻一方的财产：

（一）一方的婚前财产；

（二）一方因身体受到伤害获得的医疗费、残疾人生活补助费等费用；

（三）遗嘱或赠与合同中确定只归夫或妻一方的财产；

（四）一方专用的生活用品；

（五）其他应当归一方的财产。

14. 因虐待、遗弃家庭成员离婚的，无过错方能要求损害赔偿吗？

情景再现

李梅是家里的长女，李梅父亲为了满足李梅奶奶抱孙子的愿望，先先后后总共生了四个女儿，最后生了个儿子才算罢休。家里五个孩子，李梅所住的村子又偏僻，家里只有父亲一个壮劳力，生活的艰难可想而知。李梅作为老大，日子自然不好过，父亲稍有不顺对她不是打就是骂，说她是个赔钱货。每当这个时候，李梅总是默默承受，盼着自己快点长大能干活挣钱，就能减轻家里的负担了。

春去秋来，转眼间李梅初中毕业了，正在她憧憬着上了高中就能考大学，离开这个让自己喘不过气来的家庭时，父亲强硬地打破了李梅的美梦。父亲以李梅是大姑娘了，应该为家里做出贡献为由，要求李梅辍学帮家里干活。就这样，李梅断了上学的梦想，天天不是下地干活就是在家里照顾年幼的弟弟。

几年过去了，李梅到了成家的年纪，父亲做主让她和同村的吴晓刚结了婚。婚后李梅夫妻感情还算可以，吴晓刚对李梅很好，李梅觉得自己的好日子终于来了，天天觉得心里甜丝丝的。不久，李梅怀孕了，吴晓刚全家上上下下更把李梅当成了宝，什么活都不用她干，并且强调李梅只要安心养胎就好。从小就过惯苦日子的李梅觉得自己简直是掉进了蜜罐里，心里别提多高兴了。但是这种好日子在孩子呱呱坠地的时候终结了，原因是李梅生了一个女儿。李梅的心里一下子凉透了，原来重男轻女的思想在这个家庭也是这么的根深蒂固。

孩子满月这一天，吴晓刚喝了很多酒，一回来就对着李梅大吵大闹说李梅生了女儿，让自己家绝了后。最后，满脑子都是男尊女卑思想的吴晓刚将女儿抱走扔进了深山，李梅疯了一样跑到山下把孩子抱了回来。孩子虽然抱了回来，但是不久就死了。李梅痛不欲生，在料理完孩子的丧事后，就向法院提起离婚诉讼，并要求损害赔偿。法院以吴晓刚系过错方为由，判决两人离婚，并要求吴晓刚给予李梅5万元的赔偿。

律师指点

我国《婚姻法》明确规定"禁止家庭成员间的虐待和遗弃"，这是保障妇女、儿童和老人合法权益的必要措施。在我国，同一家庭的所有成员地位平等，国家保障家庭成员的合法权益不受侵害。虐待和遗弃家庭成员是影响家庭关系的不良因素。妇女、老人和儿童在社会上和家庭中都是弱势群体，缺乏自卫能力或者无独立生活能力，往往会成为被虐待和遗弃的对象。为了维护社会主义的家庭制度，保护受害人和社会的利益，法律规定因虐待和遗弃离婚的，无过错方可要求损害赔偿。

本案就是关于离婚时要求损害赔偿的问题。我国《婚姻法》第四十六条明确规定，一方有重婚、有配偶者与他人同居的、实施家庭暴力的、虐待、遗弃家庭成员等行为的，另一方离婚时有权请求损害赔偿。这里所说的过错包括故意和过失，我国法律规定无论是故意还是过失损害他人精神利益的都应该承担民事责任。表现在离婚案中，有过错的一方主观上应有违反婚姻法或其他法律的行为，伤害夫妻感情，导致家庭破裂的故意或过失，客观上有重婚、姘居、通奸、虐待、遗弃等违法行为。

本案中，李梅刚出生不久的孩子被丈夫扔进了深山，直接导致了孩子的死亡，这明显违反了我国的法律规定，属于遗弃家庭成员的行为，所以因吴晓刚的恶劣行为导致婚姻关系破裂，依照法律规定，其应该给予李梅赔偿。

另外，我国《婚姻法》第四十六条规定的是因破坏婚姻家庭关系行为而导致离婚的，才能够请求赔偿。如果没有出现离婚这一最终结果，即使这些违法行为已经造成了实质性的损害，也不能请求赔偿。

法条依据

《中华人民共和国婚姻法》

第四十六条 有下列情形之一，导致离婚的，无过错方有权请求损害赔偿：

（一）重婚的；

（二）有配偶者与他人同居的；

（三）实施家庭暴力的；

（四）虐待、遗弃家庭成员的。

15. 因一方出轨而协议离婚后，还能要求损害赔偿吗？

情景再现

陈平和胡莉是大学同学，两人在学生时代就确定了恋爱关系，当时在学校是人人称羡的情侣。大学毕业后，两人就步入了婚姻的殿堂。陈平在胡莉父亲的帮助下成立了一个广告公司，称得上是事业有成，家庭美满。

胡莉看到老公这么能干，心里也时常美滋滋的，很为自己选丈夫的眼光感到自豪，经常当着闺蜜兼大学好友杜梅的面夸陈平："有这么能干的一个老公，是我的运气也是我的福气，我现在什么都不愁，也就是天天购购物，美美容。"但是时间一长，胡莉对陈平产生了诸多不满，因为陈平时常出差，一走就是十天半个月，最长的时间竟然达到了一个月之久。每次胡莉因为陈平经常出差和他吵闹时，陈平就劝胡莉："老婆，现在公司正在上升期，我得加倍努力才能对得起岳父对我的信任，他老人家给我投资我如果干不好，我都抬不起头来，等一切都稳定了我一定抽时间好好陪陪你！"

就这样，三年过去了，陈平还是一如既往地忙，胡莉虽然不满意，但是一想到丈夫的事业也就忍了下来。一次偶然的机会，胡莉发现陈平在外包养了情人，并且这个情人不是别人，正是她的好闺蜜、好同学杜梅。原来，陈平和杜梅早就彼此倾心，但是两人家庭条件都不好，两人就商量以家境富裕的胡莉为跳板，等到时机成熟陈平就和胡莉离婚，两人就可以双宿双飞了。陈平以前经常出差就是为了带着杜梅去外地旅游。胡莉知道事情的真相后，就和陈平协议离婚。商议之后，两人签署了离婚协议。

离婚后，胡莉越想越不甘心，觉得自己这么多年被这两人耍得团团转，现在他们利用自己过着逍遥自在的生活，觉得很气愤。三个月后，胡莉经过深思熟虑就向法院提起诉讼，要求陈平给付损害赔偿。法院经审理认为陈平系过错方，判决其赔偿胡莉10万元作为补偿。

律师指点

《最高人民法院关于适用〈中华人民共和国婚姻法〉若干问题的解释（二）》第二十七条对协议离婚后又提起损害赔偿诉讼请求作出了明确规定：一是办理离婚手续后，无过错方仍有提出损害赔偿的权利；二是无过错方在协议离婚时如明确表示放弃损害赔偿后又提起损害赔偿请求的，人民法院不予支持；三是无过错方在办理离婚手续后一年内提出损害赔偿的，人民法院应予支持，逾期则不予支持。此处所说的一年为除斥期间，不适用诉讼时效中关于中止、中断的规定。

本案中胡莉可以向法院起诉，要求陈平给付损害赔偿。本案中，陈平与胡莉在婚姻存续期间，因陈平有外遇，导致婚姻解体，陈平存在很大过错。尽管双方已经协议离婚，但是，这并不能成为胡莉维护自己合法权益的障碍，并且胡莉在离婚协议中并没有明确表示放弃损害赔偿的权利，所以在办理离婚登记手续后一年内，胡莉仍有权向法院起诉要求离婚损害赔偿。

法条依据

《最高人民法院关于适用〈中华人民共和国婚姻法〉若干问题的解释（二）》

第二十七条　当事人在婚姻登记机关办理离婚登记手续后，以婚姻法第四十六条规定为由向人民法院提出损害赔偿请求的，人民法院应当受理。但当事人在协议离婚时已经明确表示放弃该项请求，或者在办理离婚登记手续一年后提出的，不予支持。

《中华人民共和国婚姻法》

第四十六条　有下列情形之一，导致离婚的，无过错方有权请求损害赔偿：

（一）重婚的；

（二）有配偶者与他人同居的；

（三）实施家庭暴力的；

（四）虐待、遗弃家庭成员的。

16. 夫妻可以约定婚前个人财产的归属吗?

情景再现

刘心和宋伟都是在经济上独立的创业家,两人经人介绍后走到了一起。由于二人各自有自己的事业,为了避免以后出现不必要的纠纷,刘心和宋伟在结婚前签订了一份婚前财产协议。该协议约定二人在婚前的所有收入均为个人所有,不属于夫妻共同财产的范畴,并对该协议进行了公证。但是,婚后的刘心和宋伟还是因财产问题发生了分歧。

结婚后第三年,宋伟因为生意不景气而欠了某公司20万元货款,而宋伟因为自己目前资金紧张一时拿不出这些货款,但是货款还不上公司就要面临倒闭的风险。宋伟就想先向刘心借20万元还了货款,回头赚了钱再还给刘心。但是刘心觉得宋伟的公司经营不善不是一天两天了,迟早是要关门的,不如就趁这个机会不干了,便不同意拿出钱来。刘心还说现在自己所有的存款几乎都是结婚前挣下来的,自从结婚后自己的公司也没有多少盈利,并且二人已经签订了婚前财产协议,钱是自己的,无论如何是不会同意拿这笔钱去冒险的。然而,宋伟却认为,二人是签订了婚前财产协议,但是现在丈夫有了困难,妻子怎么能以婚前财产协议为理由不帮一把呢?主张在这种情况下婚前财产协议应该无效。那么,婚前财产协议到底有什么样的效力呢?又是否对夫妻双方均有同样的约束力呢?

律师指点

根据我国《婚姻法》第十九条的规定,夫妻可以约定婚姻关系存续期间所得财产以及婚前财产归各自所有、共同所有或者部分各自所有、部分共同所有。也就是说,在结婚前或者结婚后,夫妻双方可以约定其财产全部或者部分归一方所有,也可以约定其财产全部或者部分归双方共同所有。但是这种约定应当采取书面的形式,如果没有约定或者约定不明确的,则双方财产的归属按照我国《婚姻法》第十七条、第十八条的规定确定其归属。此外，如果双方订立了财产约定，则该约定优先于法律的规定适用。之所以会有这样的规定，是因为在我国的现行法律中，凡涉及调整一般民事行为的条款，一般都贯彻了公民意思自治、契约订立自由的原则，虽然婚姻关系中的夫妻双方较一般民事行为中的双方关系更为密切，但是夫妻关系仍然是民事关系的一种，理应适用民事关系的原则。另外，在现如今的社会中，由于各种关系的复杂存在，允许夫妻之间对财产归属做出一定的协商以备不时之需，也体现了公民在婚姻生活中自我防范的意识。例如，我国《婚姻法》第十九条第三款就规定，夫妻对婚姻关系存续期间所得的财产约定归各自所有的，夫或妻一方对外所负的债务第三人知道该约定的，以夫或妻一方所有的财产清偿。也就是说，如果第三人知道夫妻之间有婚姻财产约定，还借给其中一人钱了，那么第三人在讨债的时候只能向欠他钱的一人要债，这种情况即体现了对婚姻关系中另一方财产的保护。

本案中，李心和宋伟在结婚前订立的婚前财产协议是双方经过协商自愿订立的，并且经过了公证，对双方均产生了约束力，因此该协议是合法有效的。受此约束，婚前财产均归各自所有，不属于夫妻共同财产，所有方对婚前财产有完整的所有权，因此，刘心以此为理由主张钱是自己的，并且不同意借钱给丈夫还款用也是合理合法之举。

法条依据

《中华人民共和国婚姻法》

第十九条 夫妻可以约定婚姻关系存续期间所得的财产以及婚前财产归各自所有、共同所有或部分各自所有、部分共同所有。约定应当采用书面形式。没有约定或约定不明确的，适用本法第十七条、第十八条的规定。

夫妻对婚姻关系存续期间所得的财产以及婚前财产的约定，对双方具有约束力。

夫妻对婚姻关系存续期间所得的财产约定归各自所有的，夫或妻一方对外所负的债务，第三人知道该约定的，以夫或妻一方所有的财产清偿。

17. 夫妻一方有义务偿还对方的婚前债务吗?

情景再现

王琦家境贫苦，父母都是残疾人，他靠着别人的资助和助学津贴勉强完成了学业。大学毕业后，王琦为了创业从自己的一个同学那借了10万元，在市内的电子城里租了一个小摊位，开起了电脑维修部。但是，因为电脑维修本身利润就不大，再加上他年轻面孔生，人们都不相信他，所以他的生意并不好。

2013年，王琦经人介绍认识了李湘，两人很谈得来，并于2014年初结婚。婚后，夫妻俩共同经营这个店面。李湘嘴巴甜、人缘好，吸引了很多人来修理电脑。他们的生意较之以前也有了很大起色。王琦的那个朋友家中富足，加之王琦这两年攒的那点钱结婚的时候都花得差不多了，所以王琦所欠朋友的这10万元钱就一直没还。

2014年9月，王琦的朋友家中出事，催促王琦还钱，可是王琦拿不出10万元还给他。王琦的朋友非常着急，说家中确实有很大变故，不然也不会来要这个钱，让王琦无论如何把这个钱还给他。无奈下，王琦决定放弃维修部，将店面转租后把钱还给朋友。李湘一听说当时就急了，说这个店面是二人共同经营，属于夫妻共同财产，王琦一人不能作出决定，而王琦欠朋友的钱是她和王琦结婚前的事，跟她没有关系，她根本没有偿还的义务。再说，维修部生意刚刚有起色，转出去，两个人靠什么生活？李湘坚决地说："要想还钱可以，想别的办法，不许打这个店面的主意，因为这里有一半是我的，再说了，没有我哪会有这么好的生意！"

果真像李湘所说，王琦和他朋友之间的债务和李湘没有关系，李湘没有义务为王琦偿还债务吗?

律师指点

根据我国《婚姻法》第十八条的规定，有下列情形之一的，为夫妻一方的财产:(一)一方的婚前财产;(二)一方因身体受到伤害获得的医疗费、残疾人生活补助费等费用;(三)遗嘱或赠与合同中确定只归夫或妻一方的财产;(四)一方专用的生活用品;(五)其他应当归一方的财产。电脑维修部是王琦的婚前财产,李湘说是共同财产的说法本身就是错的。

此外,《最高人民法院关于适用〈中华人民共和国婚姻法〉若干问题的解释(二)》第二十三条明确规定,如果婚前一方所负债务是用于婚后家庭共同生活的,则债权人向另一方主张权利时,另一方不能拒绝。由此可见,婚前债务,婚后配偶是否有义务偿还分为两种情况:(1)婚前举债是为了自己的,在此种情况下,配偶没有偿还的义务;(2)婚前所负债务与婚后夫妻共同生活具有必然联系的,即若一方婚前所负债务中的资金、财物已转化为婚后夫妻共同财产或已成为婚后夫妻共同的物质生活条件的,则婚前一方所负债务即转化为夫妻共同债务,应当由夫妻共同连带偿还。

在本案例中,王琦婚前举债开了电脑维修部,但婚后二人共同经营,此电脑维修部的经营收益属于夫妻共同共有,即一方婚前所负债务中的资金、财物已转化为婚后夫妻共同财产或已成为婚后夫妻共同的物质生活条件。所以,李湘应该对王琦所欠的这十万元钱负有清偿义务。

法条依据

《最高人民法院关于适用〈中华人民共和国婚姻法〉若干问题的解释(二)》

第二十三条 债权人就一方婚前所负个人债务向债务人的配偶主张权利的,人民法院不予支持。但债权人能够证明所负债务用于婚后家庭共同生活的除外。

18. 夫妻离婚了,公积金可以作为共同财产进行分割吗?

情景再现

老王和老李已经是大半辈子的夫妻了,当初他们是经人介绍认识的,可自从结婚后他们便是三天一大打，两天一小打，从未断过。要不是因为有一个儿子李岁年，他们可能真的早就离婚了。

这一年，李岁年和自己的女朋友登记结婚了。婚后因妻子无法忍受公公婆婆成天的争吵，二人便商议搬了出去独自过起了日子。家中没有了这唯一的"独苗苗"日子过得好像更没有意思了。都说这夫妻是年轻不打老了打，年轻总打，老了就不打了，可是老王和老李却是个例外，他俩是吵得越来越凶，有时一连几个礼拜两个人都不说话，自己吃饭自己做，就像陌生人一样。一天，老王和老李又因为一点事起了争执，老李盛怒之下一把把老王推到了。老王这个哭啊，想想自己这么多年跟了个不知道心疼自己的人，给他生儿子，养儿子，到头来他还是天天地和自己吵架，如今竟然大打出手，孩子已经大了，自己实在没有必要继续这样生活了。

终于，老王向老李提出了离婚，老李便一口答应。可是二人在分割财产上出现了分歧。老王要求将老李的住房公积金进行分割。老李不同意，他说："住房公积金是我个人的财产，我攒了半辈子没敢动，就是准备自己养老的，不能分。"老王却坚持，住房公积金是夫妻共同财产的一部分，自己有权得到应得的部分，公积金必须分。为此，两人免不了又是一番争吵。无奈，老王向当地人民法院提起诉讼，请求法院对老李的住房公积金进行分割。经审判，法院将老李的住房公积金进行了分割，老王终于如愿以偿。那么，这个住房公积金到底属不属于夫妻共同财产，能不能分割呢？

律师指点

首先，给大家介绍一下什么是住房公积金。住房公积金，是指国家机关、国有企业、城镇集体企业、外商投资企业、城镇私营企业及其他城镇企业、事业单位及其在职职工缴存的长期储金。住房公积金制度实际上是一种住房保障制度，是住房分配货币化的一种形式。职工个人缴存的住房公积金以及单位为其缴存的住房公积金，实行专户存储，归职工个人所有。

住房公积金的这一定义包含以下五个方面的含义：（1）住房公积金制度只在城镇建立，农村没有住房公积金制度。（2）只有在职职工才建立住房公积金制度。(3)住房公积金由两部分组成,一部分由职工所在单位缴存,另一部分由职工个人缴存,两部分一并缴存到住房公积金个人账户内。(4)住房公积金缴存的长期性,即住房公积金制度一经建立,无特殊情况不得中止和中断。(5)住房公积金是职工按规定存储起来的专项用于住房消费支出的个人住房储金,具有两个特征:一是积累性,二是专用性。职工只有在离退休、死亡、完全丧失劳动能力并与单位终止劳动关系或户口迁出原居住城市时,才可提取本人账户内的住房公积金。

根据我国《最高人民法院关于适用〈中华人民共和国婚姻法〉若干问题的解释(二)》第十一条的规定,婚姻关系存续期间,下列财产属于婚姻法第十七条规定的"其他应当归共同所有的财产":(一)一方以个人财产投资取得的收益;(二)男女双方实际取得或者应当取得的住房补贴、住房公积金;(三)男女双方实际取得或者应当取得的养老保险金、破产安置补偿费。由此可见,夫妻一方的住房公积金应属于夫妻共同财产,本案中老王可以要求将老李的住房公积金作为共同财产进行分割,法院的判决是对的。但也应当注意,只在结婚后的这段时间内的那部分住房公积金才属共同财产,结婚前的那段时间内的住房公积金,是老李的个人财产,这一点需要注意。

法条依据

《中华人民共和国婚姻法》

第十七条 夫妻在婚姻关系存续期间所得的下列财产,归夫妻共同所有:

(一)工资、奖金;

(二)生产、经营的收益;

(三)知识产权的收益;

(四)继承或赠与所得的财产,但本法第十八条第三项规定的除外;

(五)其他应当归共同所有的财产。

夫妻对共同所有的财产,有平等的处理权。

《最高人民法院关于适用〈中华人民共和国婚姻法〉若干问题的解释(二)》

第十一条 婚姻关系存续期间,下列财产属于婚姻法第十七条规定的"其他应当归共同所有的财产"：

（一）一方以个人财产投资取得的收益；

（二）男女双方实际取得或者应当取得的住房补贴、住房公积金；

（三）男女双方实际取得或者应当取得的养老保险金、破产安置补偿费。

19. 离婚后，请求再次分配夫妻共有财产有时效限制吗？

情景再现

刘磊和韩梅梅经人介绍认识后，经过一段时间的接触，双方感觉各方面都很匹配就结了婚。两人都是高级知识分子，崇尚自由、独立的生活，并且都是对生活质量要求很高的人，为了避免日后的柴米油盐等生活琐事影响夫妻感情，两人就把工资、股票等各项收益都放在了一起，也算是做到了彼此交心。

结婚一年后，刘磊偶然得知在广告公司工作的妻子韩梅梅每月都有一笔丰厚的奖金，但是韩梅梅从来都没有向刘磊提起过，刘磊知道后虽然心里不舒服，但是想到韩梅梅存了起来，也没有乱花也就睁一只眼闭一只眼了。后来两人因为性格不合，经常闹得鸡飞狗跳的，日子实在过不下去了，两人就选择离婚。在分割夫妻共同财产时，刘磊想着韩梅梅跟了自己好几年，两人经常因为鸡毛蒜皮的事情吵架，日子可以说过得并不舒心，刘磊也就对韩梅梅偷偷藏钱的事情没有多说什么。

三年后，刘磊的母亲得知韩梅梅在婚姻存续期间有藏私房钱的举动，就天天撺掇儿子找韩梅梅要钱。于是，刘磊就向法院提起了再次分割财产的诉讼请求。法院经审理认为，虽然法律规定允许婚姻当事人的一方就另一方有隐藏、转移、变卖、毁损夫妻共同财产的情形，可以向法院提起诉讼，请求再次分配夫妻共有财产。但是，法律同时也规定了诉讼时效，即自发现之日起两年之内。而刘磊离婚前就知道了，现在离婚都三年了，早就过了诉讼时效，法院就判决驳回刘磊的诉讼请求。

律师指点

我国《婚姻法》第四十七条明确规定，离婚时，一方发现对方有隐匿共同财产行为的，有请求分割隐匿的共同财产的权利。但是如果一方在离婚期间未能及时发现对方隐匿财产，而是离婚后才发现的，此时，一方就有权依据婚姻法向法院提起再次分割财产的诉讼。另外，一方隐藏夫妻共同财产的，另一方提起诉讼请求再次分割该财产的，法院可依法对隐瞒夫妻共同财产的一方判决少分或不分。这就告诉我们，离婚时侵害另一方合法财产权益的一方应该承担法律责任。

但是再次分割财产的诉讼，应遵守诉讼时效的相关规定，即自发现隐匿财产之日起两年之内。这就告诉我们权利的行使应该积极而及时，法律制定诉讼时效制度的目的就是为了督促权利人尽快行使自己的权利，在保护当事人合法权利的同时也维护社会的安定。本案中所涉及关于刘磊请求再次分割财产权利的行使也不应例外，应该受到诉讼时效的限制。

本案中，刘磊婚姻存续期间就知道韩梅梅有隐瞒财产的行为，但是其在离婚时没有指出韩梅梅的不当行为。尽管我国法律制定了相应条款，允许婚姻当事人的一方就另一方有隐藏、转移、变卖、毁损夫妻共同财产的情形，可以向法院提起诉讼，请求再次分配夫妻共有财产。但是，同时也规定了诉讼时效，即自发现之日起两年之内。本案中，刘磊自离婚之时就知道，至今已经三年了，已经超出诉讼时效。即使刘磊行使请求权，法院也不会再予以保护了。

法条依据

《最高人民法院关于适用〈中华人民共和国婚姻法〉若干问题的解释（一）》

第三十一条　当事人依据婚姻法第四十七条的规定向人民法院提起诉讼，请求再次分割夫妻共同财产的诉讼时效为两年，从当事人发现之次日起计算。

《中华人民共和国婚姻法》

第四十七条　离婚时，一方隐藏、转移、变卖、毁损夫妻共同财产，或伪造债务企图侵占另一方财产的，分割夫妻共同财产时，对隐藏、转移、变卖、毁损夫妻共同财产或伪造债务的一方，可以少分或不分。离婚后，另一方发现有上述行为的，可以向人民法院提起诉讼，请求再次分割夫妻共同财产。

人民法院对前款规定的妨害民事诉讼的行为，依照民事诉讼法的规定予以制裁。

20. 离婚时，对夫妻一方在公司的股份进行分割后，受让方可否成为该公司股东？

情景再现

刘天明和白晓梅从小一块长大，称得上是青梅竹马，后来两人一块进城打工。身在异乡的两人，建立了更加深厚的感情，后来在双方父母的撮合下两人结了婚。婚后不久，白晓梅就怀孕了，刘天明坚持让白晓梅辞职回家安心养胎，就这样白晓梅做起了全职太太。

婚后第二年，刘天明利用积蓄和朋友合作，投资创办了盛世啤酒有限责任公司，刘天明成为该公司的股东。公司自创办以后，效益良好。刘天明的生意是越做越大，应酬自然也是越来越多，回家的时间越来越少，两人为此经常吵架。长此以往，两人关系越来越恶化。

就这样，刘天明与白晓梅在经历了六年的婚姻生活后，最终决定离婚。刘天明以夫妻感情破裂为由，向法院起诉要求与白晓梅离婚。白晓梅同意离婚，但是要求将盛世啤酒有限责任公司中刘天明的股份分给自己一半。刘天明想着白晓梅这六年来对这个家任劳任怨的，就决定将一半的出资额转让给白晓梅。但是一部分股东在得知刘天明将一半出资额转让给白晓梅时，表示不会同意让一个对经营什么也不懂的人加入公司作股东。最后通过表决，过半数的股东同意白晓梅成为公司的股东，而其他股东则表示不会购买刘天明转让给白晓梅的出资额。就此，白晓梅成为了盛世啤酒有限责任公司的股东。

律师指点

随着经济的发展，家庭财产的形式趋向多元化。当今社会的离婚案件中，夫妻一方作为投资主体持有有限责任公司股份的情况也越来越多。夫妻中持有的公司股份可以视为夫妻共同财产。在离婚案件中，这种夫妻一方持有有限责任公司股份进行财产分割时，不能简单地适用婚姻法中关于处理财产的规定，因为从公司法角度来看公司资本属于公司财产，公司股份的处置属公司法调整的范畴，应该做到既能公正合理地分割财产又不影响公司的正常经营。

本案中，白晓梅是否可以成为该有限责任公司的股东，我国法律对此有明确规定，要视不同的情况采取不同的解决方式。由于涉及公司的利益以及有限责任公司"人合性"的特点，因此，股东的变化通常要经过原有股东们的同意。

本案中，刘天明与白晓梅解除了婚姻关系，刘天明将一半出资额转让给白晓梅，如果过半数股东不同意刘天明把一半出资额转让给白晓梅，但愿意以同等价格购买该股份的，人民法院就可以对转让出资所得财产作为夫妻共同财产进行分割。如果过半数股东不同意刘天明转让，也不愿意以同等价格购买该出资额的，法律则视为同意刘天明转让，白晓梅就可以成为该公司股东。

法条依据

《最高人民法院关于适用〈中华人民共和国婚姻法〉若干问题的解释（二）》

第十六条 人民法院审理离婚案件，涉及分割夫妻共同财产中以一方名义在有限责任公司的出资额，另一方不是该公司股东的，按以下情形分别处理：

（一）夫妻双方协商一致将出资额部分或者全部转让给该股东的配偶，过半数股东同意、其他股东明确表示放弃优先购买权的，该股东的配偶可以成为该公司股东；

第二章　我和我的配偶——夫妻间法律知识

（二）夫妻双方就出资额转让份额和转让价格等事项协商一致后，过半数股东不同意转让，但愿意以同等价格购买该出资额的，人民法院可以对转让出资所得财产进行分割。过半数股东不同意转让，也不愿意以同等价格购买该出资额的，视为其同意转让，该股东的配偶可以成为该公司股东。

用于证明前款规定的过半数股东同意的证据，可以是股东会决议，也可以是当事人通过其他合法途径取得的股东的书面声明材料。

21. 个人独资企业的财产，在离婚时双方都不愿意经营，如何处理？

情景再现

陈庆和同村的姑娘胡静结婚后十分向往城市的繁华景象，不愿意在农村庸庸碌碌地生活一辈子，就外出打工了。三年后，陈庆手里攒了一笔钱，他不甘心为别人打工，就回到村里，以自己的名义办了一家企业。创业初期十分艰难，但是胡静没有任何怨言地支持和包容陈庆，陈庆心里十分感激胡静的宽容，并承诺以后日子好过了，一定让她享清福。

有了妻子无怨无悔的支持，陈庆的干劲更足了，再加上他头脑灵活，投资对路，短短几年就赚了一百多万。现在陈庆的事业有了起色，他十分感激胡静这些年对自己的付出。但是，胡静一直在家操持家务，陈庆常年在外闯荡，两个人之间越来越没有话说，沟通交流也越来越少。

一次偶然的机会，陈庆认识了一个比妻子更年轻更漂亮的女孩，并且还是个大学生，思想和生活上都比较独立，和陈庆天天都有说不完的话，不像胡静天天就知道柴米油盐。时间一长，陈庆觉得和胡静的婚姻走到了尽头，就和妻子摊牌，要求离婚。胡静听完陈庆离婚的理由后，表示同意离婚，愿意成全陈庆。陈庆看到胡静如此深明大义，心里觉得对不起她，就决定把自己创办的企业留给胡静。胡静表示自己不懂经营管理，希望陈庆继续经营这家企业。陈庆称自己不想在当地生活了，想换一个环境重新开始。

两人只好咨询律师，律师称陈庆建立的个人独资企业是夫妻共同财产，

093

现在离婚了,双方又都不愿意经营,这个企业就应该解散,所得利益应作为共同财产由双方当事人共同分配。最后,陈庆和胡静只好把企业解散,对财产进行了平分。

律师指点

个人独资企业,是指依法在中国境内设立,由一个自然人投资,财产为投资人个人所有,投资人以其个人财产对企业债务承担无限责任的经营实体。可见,个人独资企业是由一个人出资,利润也归个人所有。在婚姻存续期间设立的独资企业,视为夫妻共同财产。根据我国《最高人民法院关于适用〈中华人民共和国婚姻法〉若干问题的解释(二)》第十八条的规定,夫妻以一方名义投资设立独资企业的,人民法院分割夫妻在该独资企业中的共同财产时,应当按照以下情形分别处理:一是一方要求经营企业的,由取得经营权的一方对另一方给予相应的补偿,这样不仅有利于企业经营生产,还可以维持企业组织形态的完整性。二是双方均主张企业经营权的,法院应按双方当事人的实际需求和能力进行裁决,此法不通的,就应当采取竞价方式决定企业的归属,最后按均等分割的原则由取得企业的一方给予另一方补偿即可。三是双方均不愿意经营该企业的,该个人独资企业应该解散,企业债务全部清偿完毕后的剩余财产,作为夫妻共同财产予以分割。

本案中,陈庆建立的就是个人独资企业,该企业属于夫妻共同财产。陈庆与妻子胡静解除婚姻关系后,该企业应该列为夫妻共同财产参与分配。但是,双方均不愿意经营该企业,根据相关法律规定该企业应该解散,所得财产双方进行分配即可。

法条依据

《最高人民法院关于适用〈中华人民共和国婚姻法〉若干问题的解释(二)》

第十八条 夫妻以一方名义投资设立独资企业的,人民法院分割夫妻在该独资企业中的共同财产时,应当按照以下情形分别处理:

(一)一方主张经营该企业的,对企业资产进行评估后,由取得企业一方

给予另一方相应的补偿;

(二)双方均主张经营该企业的,在双方竞价基础上,由取得企业的一方给予另一方相应的补偿;

(三)双方均不愿意经营该企业的,按照《中华人民共和国个人独资企业法》等有关规定办理。

22. 婚姻关系存续期间,夫妻一方请求分割共同财产的,人民法院应当支持吗?

情景再现

2014年8月份,李某家的一块承包地被国家征收,李某得到了30万元补偿款。李某思前想后决定用这个钱将家里的房子翻建一下,多盖一些小间的平房用于出租。李某和丈夫梁某商量了一下,丈夫也同意李某的想法。之后,李某申请了房屋翻盖手续,找工程队开始建房。李某在自己家的前院建了八小间平正房用于出租,在后院建了宽敞的平正房屋四间用于自己居住。因为李某所居住的村落在市郊,租房的人非常多,李某的八间房屋很快就租了出去。李某每月可得租金近3000元,再加上李某和丈夫的工资,一家每月收入近八千元。

有人看到梁某家里的生活越来越好,就开始找梁某赌博,梁某一开始并不赌只是去观看,后来就想自己赌赌碰碰运气,结果一发不可收拾,不仅将每月的房租都输进去了,工作也没心情干了,每天就赖在赌桌上。李某多次劝阻梁某不要赌博了,但是梁某前脚答应得好好的,后脚就又去赌博,气得李某天天在家抹眼泪。李某本想和丈夫离婚,但想到之前二人感情非常好,梁某现在是被赌博迷住了心窍,迟早会改过自新的。李某想不能眼看着梁某将房租都拿去赌博,怎么也要想个办法将租金拿到自己手里,于是她就想去法院起诉,想让法院将这八间出租房分割,这样至少自己可以拿回一半的房租。那么,李某能在与梁某的婚姻存续期间向法院起诉要求分割出租房吗?

律师指点

以前婚姻方面的法律法规规定，夫妻婚姻关系存续期间，夫妻对共同财产享有平等的处理权，但这并不意味着夫妻对共同财产享有半数的份额，婚姻存续期间夫妻对财产是共同共有而不是按份共有，只有在夫妻关系消灭时，才能对夫妻共同财产进行分割。本案中，李某并没有提出解除婚姻关系，只是起诉与丈夫平分房产，在不解除婚姻关系的情况下，当事人不得请求分割夫妻共同财产。因为夫妻财产关系与双方的人身关系密不可分，这种财产关系只能因结婚而发生，因配偶死亡或离婚而终止。夫妻双方在婚姻关系存续期间可以约定共同财产的归属，能否达成协议属于当事人意思自治的领域，不是法院依据职权调整的范畴。至于夫妻一方的权利受到侵犯的情况，法律已规定了其他救济途径，如《婚姻法》第二十条规定："夫妻有互相扶养的义务。一方不履行扶养义务时，需要扶养的一方，有要求对方给付扶养费的权利。"因此，权利受到侵害的一方可以通过其他途径主张权利。

自从《婚姻法司法解释三》出台后，其中第三条明确规定了在法定情形出现后，夫妻一方在婚姻存续期间可以请求分割共同财产，此种法定情形包括：其一，一方有隐藏、转移、变卖、毁损、挥霍夫妻共同财产或者伪造夫妻共同债务等严重损害夫妻共同财产利益行为的；其二，一方负有法定扶养义务的人患重大疾病需要医治，另一方不同意支付相关医疗费用的。而在本案中李某的丈夫用夫妻共同财产即收取的租金去赌博，属于挥霍夫妻共同财产的行为，李某可以在婚姻关系存续期间向人民法院请求分割出租房屋。

法条依据

《最高人民法院关于适用〈中华人民共和国婚姻法〉若干问题的解释（三）》

第四条 婚姻关系存续期间，夫妻一方请求分割共同财产的，人民法院不予支持，但有下列重大理由且不损害债权人利益的除外：

（一）一方有隐藏、转移、变卖、毁损、挥霍夫妻共同财产或者伪造夫妻共同债务等严重损害夫妻共同财产利益行为的；

（二）一方负有法定扶养义务的人患重大疾病需要医治，另一方不同意支付相关医疗费用的。

《中华人民共和国婚姻法》

第二十条　夫妻有互相扶养的义务。

一方不履行扶养义务时，需要扶养的一方，有要求对方付给扶养费的权利。

23. 婚姻关系存续期间，无民事行为能力的一方遭受家庭暴力、虐待、遗弃等严重侵害其合法权益的行为时，怎么处理？

情景再现

2009年6月马某大学毕业后就到某国际贸易公司从事英语和日语翻译的工作。因马某长得非常漂亮、工作又好，追求马某的人非常多。马某经人介绍认识了张某，张某是从事房地产方面的工程师，双方见面后对对方都非常满意，相处两个月后就结婚了。次年马某生了儿子张小某。2013年10月，马某开车带着三周岁的儿子回家探望父母时发生交通事故，马某受重伤，儿子张小某当场死亡。马某自知道儿子死亡后非常自责、伤心，几天后就出现精神恍惚，自言自语的情况，两个月后马某经医生诊断为精神分裂疾病，张某将马某送往精神病医院治疗。

马某出院后，张某将其接回家中，并为其找了一名护工。白天护工照顾马某，晚上则由张某照顾。几个月过去了，张某就厌倦了每天都要下班回家照顾马某的生活。本来马某是和张某在一个房间居住，后张某将马某安置在另一间房间。张某还对马某不管不顾，晚上经常将马某一个人锁在家里，自己去外面和朋友们吃饭唱歌。张某不按时给马某吃药，病情严重时也不带其看医生，甚至会自行加大或减少药量。有时马某在家发病，张某就用绳子将马某捆绑起来，并对其进行殴打。马某的姐姐偶尔会来看望马某，有一次她来看望马某时恰巧看到张某在殴打马某。马某的姐姐看到马某骨瘦如柴的身体上遍布勒痕，气愤至极，与张某大吵一架，并将马某接走。马某的姐姐告诉张某自己要代替马某向法院提起离婚诉讼，让大家都知道张某虐待妻子的事情。那么，马某的姐姐能不能代替马某向法院提起诉讼呢？

律师指点

根据我国相关法律规定，马某的姐姐只有在取得马某的监护资格后才可以代理其提起离婚诉讼请求。最高人民法院《关于适用〈中华人民共和国婚姻法〉若干问题的解释（三）》第八条规定："无民事行为能力人的配偶有虐待、遗弃等严重损害无民事行为能力一方的人身权利或者财产权益行为，其他有监护资格的人可以依照特别程序要求变更监护关系；变更后的监护人代理无民事行为能力一方提起离婚诉讼的，人民法院应予受理。"由此法条可知，当无民事行为能力人在婚姻关系中遭受家庭暴力、虐待、遗弃等严重侵害其合法权益的行为时，无民事行为能力人的近亲属可以作为其法定代理人提起离婚诉讼，但必须经过法定的申请宣告公民为无民事行为能力、撤销监护人资格和确定监护人程序，将监护人由无民事行为能力人的配偶变更为其近亲属。

根据《民法通则》第十七条"无民事行为能力或者限制民事行为能力的精神病人，由下列人员担任监护人：（一）配偶；（二）父母；（三）成年子女；（四）其他近亲属；（五）关系密切的其他亲属、朋友愿意承担监护责任，经精神病人的所在单位或者住所地的居民委员会、村民委员会同意的"之规定，无民事行为能力人的配偶为其第一顺位的监护人。同时，法律规定，当无民事行为能力人的法定监护人没有依法放弃监护权，或者没有被剥夺监护权时，其他人不享有监护权。在这种情况下，无民事行为能力人的近亲属也就不具有法定代理权，不能代理无民事行为能力人提起离婚诉讼。无民事行为能力人的近亲属如果要以法定代理人的身份代理提起离婚诉讼，必须经过法定程序，将自己变更为无民事行为能力人的监护人。因为近亲属取得监护权的同时，其也就依法获得了法定代理权，就可以代理无民事行为能力人提起离婚诉讼。

本案中，马某患有精神分裂疾病，而其丈夫张某不但对其进行虐待，还对其治疗持消极态度，该行为已经严重损害了马某的合法权益。马某的姐姐欲代替马某起诉离婚，首先应先进行申请马某为无民事行为能力人的程序，再进行撤销监护人资格和确定监护人程序,在马某的姐姐取得了监护资格后,其就可以代替马某向人民法院提起与张某的离婚诉讼了。

法条依据

《最高人民法院关于适用〈中华人民共和国婚姻法〉若干问题的解释(三)》

第八条 无民事行为能力人的配偶有虐待、遗弃等严重损害无民事行为能力一方的人身权利或者财产权益行为,其他有监护资格的人可以依照特别程序要求变更监护关系;变更后的监护人代理无民事行为能力一方提起离婚诉讼的,人民法院应予受理。

《中华人民共和国民法通则》

第十七条 无民事行为能力或者限制民事行为能力的精神病人,由下列人员担任监护人:

(一)配偶;

(二)父母;

(三)成年子女;

(四)其他近亲属;

(五)关系密切的其他亲属、朋友愿意承担监护责任,经精神病人的所在单位或者住所地的居民委员会、村民委员会同意的。

对担任监护人有争议的,由精神病人的所在单位或者住所地的居民委员会、村民委员会在近亲属中指定。对指定不服提起诉讼的,由人民法院裁决。

没有第一款规定的监护人的,由精神病人的所在单位或者住所地的居民委员会、村民委员会或者民政部门担任监护人。

24. 离婚时,一方可以要求将另一方继承的尚未分割的遗产作为夫妻共同财产进行分割吗?

情景再现

王老先生和妻子张氏早年经商,家中颇有积蓄,还购置了一套小别墅。

王老先生和张氏只有一个独生女王女士，二老对女儿的教育非常严格，对她的婚姻更是千挑万选，结果王女士直到27岁也未能出嫁。王女士结识了刘某，并坚持要与刘某结婚。王老先生和张氏都不同意女儿嫁给刘某，但是实在拗不过王女士，只好答应。为此，刘某对岳父岳母也多有不满。

王女士因为工作能力突出，被提升为部门主管，工资也涨了不少，而刘某仍然是公司小职员，工资不及王女士的一半。刘某总被别人提及有一个能干的老婆，这使他心里非常不平衡，看到妻子那么强势，觉得是妻子看不起自己，就总是借故和妻子吵架。2012年年底王老先生突发疾病离世，王女士看到母亲孤单一人，就想暂时将母亲接到自己家中。刘某对岳母到家中居住非常反感，更加借故与王女士发生争执，甚至经常对张氏出言不逊。2015年年初王女士忍无可忍决定和刘某离婚。刘某也同意离婚，但在分割夫妻共有财产时，刘某提出王老先生去世留下了一套别墅，这里有王女士的份额，应该就该别墅也进行分割。王女士听到刘某的要求非常气愤，她认为房产证不在自己名下而且自己的继承权已过了诉讼时效，不能将房产的份额给刘某。刘某称不给自己房子的份额，那就通过诉讼解决问题。那么，刘某能要求对岳父的遗产进行分割吗？

律师指点

本案中的王女士的房产份额系在和刘某的婚姻关系存续期间所继承，故在王女士离婚时，该部分房产份额应作为夫妻共同财产分割。从程序上来说，由于遗产尚未分割，因此刘某希望通过离婚诉讼分割该房产的想法是不能实现的。《最高人民法院关于适用〈中华人民共和国婚姻法〉若干问题的解释（三）》第十五条规定："婚姻关系存续期间，夫妻一方作为继承人依法可以继承的遗产，在继承人之间尚未实际分割，起诉离婚时另一方请求分割的，人民法院应当告知当事人在继承人之间实际分割遗产后另行起诉。"由此法条可知，当夫妻一方在离婚诉讼时请求分割其中一方继承的尚未实际分割的遗产时，法院应当告知当事人在继承人之间实际分割遗产后另行起诉。

因此，刘某必须在王女士和张氏分割遗产后，才能通过离婚诉讼解决王女士已继承房产的二次分割问题。至于王女士所说的其房产已过诉讼时效是错误的。在张氏并没有将房产过户到自己名下的情况下，不能认为王女士的继承权受到了侵害，故不应从王老先生死亡之日计算王女士继承权的诉讼时效。

法条依据

《最高人民法院关于适用〈中华人民共和国婚姻法〉若干问题的解释（三）》

第十五条 婚姻关系存续期间，夫妻一方作为继承人依法可以继承的遗产，在继承人之间尚未实际分割，起诉离婚时另一方请求分割的，人民法院应当告知当事人在继承人之间实际分割遗产后另行起诉。

25. 一方未经另一方同意出售夫妻共同共有的房屋，该如何处理？

情景再现

2010年年初大龄剩男刘某通过相亲与秦某相恋，二人都是大龄未婚青年，因此相恋半年后就决定结婚了。二人决定先于2010年7月1日领取了结婚证，购买好了婚房后再办结婚典礼。于是二人于2010年7月1日到民政局领取了结婚证。随后刘某和秦某到处看房，终于选中了一套75平方米的商品房。因为刘某有住房公积金，可以办理贷款，于是就以刘某个人的名义签订了《商品房预购合同》。刘某办理了交通银行10年期贷款。

2010年年底秦某和朋友开始一起做生意，经过几年的经营，秦某的生意做得非常成功，2013年年底秦某和刘某就将房贷一次性还清了。经过商量，二人决定购买一个大面积的房屋。2014年10月份二人看好了某小区116平方米的现房，并以二人的名义购买了该房，办理了贷款。2015年3月份二人搬入新房，秦某让刘某将原来75平方米的房屋出租。2015年7月份刘某通过朋友认识了何某，何某本想租住刘某的房屋，但是看了房后决定购买该房。刘某本想和秦某商量一下，但是又怕秦某不同意，遂决定先将该房出售。最后刘某以32万元的价格将房屋卖给了何某。何某将全款交给刘某后，二人就到国土局和房管局办理了过户手续。2015年8月份秦某知道了刘某卖房的经过，非常生气，与刘某大吵一架后就找到何某，要求何某返还房屋。那么，秦某有权利要求何某返还房屋吗？

律师指点

根据我国相关法律规定，秦某无权要求何某返还其夫妻共有的房屋。《最高人民法院关于适用〈中华人民共和国婚姻法〉若干问题的解释（三）》第十一条规定："一方未经另一方同意出售夫妻共同共有的房屋，第三人善意购买、支付合理对价并办理产权登记手续，另一方主张追回该房屋的，人民法院不予支持。夫妻一方擅自处分共同共有的房屋造成另一方损失，离婚时另一方请求赔偿损失的，人民法院应予支持。"《最高人民法院关于适用〈中华人民共和国婚姻法〉若干问题的解释（一）》第十七条规定："婚姻法第十七条关于'夫或妻对夫妻共同所有的财产，有平等的处理权'的规定，应当理解为：

（一）夫或妻在处理夫妻共同财产上的权利是平等的。因日常生活需要而处理夫妻共同财产的，任何一方均有权决定。

（二）夫或妻非因日常生活需要对夫妻共同财产做重要处理决定，夫妻双方应当平等协商，取得一致意见。他人有理由相信其为夫妻双方共同意思表示的，另一方不得以不同意或不知道为由对抗善意第三人。"

那么，什么是善意取得呢？善意取得又称为即时取得，无权处分人将其受托占有的他人的财物（动产或者不动产）转让给第三人的，如受让人在取得该动产时系出于善意，则受让人取得该物的所有权，原权利人丧失所有权。根据《物权法》第一百零六条之规定，善意取得必须满足三个要件：（一）受让人受让该不动产或者动产时是善意的；（二）以合理的价格转让；（三）转让的不动产或者动产依照法律规定应当登记的已经登记，不需要登记的已经交付给受让人。可见，第三人善意取得的夫妻共有房屋是有条件的。因此，买房人最好要求出卖人出示其配偶委托出卖人代办一切交易手续的委托书或者同意出售房屋的书面声明,以保证交易的安全。实在不行,最好约定大部分房款在办理产权过户登记以后再支付,否则,如果在过户前出现纠纷,一旦合同被认定为无效,能否追回房款就存在巨大的风险;而只有房屋办理了过户登记,买房人才有可能根据善意取得制度取得房屋所有权。

而本案中,该房屋虽然仅登记了刘某一个人的名字,但是该房是刘某和秦某婚后用二人共有的积蓄购买的,属于夫妻共有财产。虽然刘某是无处分权人,擅自出售了其与秦某的夫妻二人共同共有的房屋,但是第三人何某已经善意取得了该房屋,根据法律规定,秦某无权要求善意第三人何某归还该房屋。而法律也赋予了秦某的损害赔偿请求权,就是在其夫何某擅自处分他们二人共同共有的房屋给她造成损失的,她可以在离婚时向其夫何某提出损害赔偿请求。

法条依据

《最高人民法院关于适用〈中华人民共和国婚姻法〉若干问题的解释(三)》

第十一条 一方未经另一方同意出售夫妻共同共有的房屋,第三人善意购买、支付合理对价并办理产权登记手续,另一方主张追回该房屋的,人民法院不予支持。

夫妻一方擅自处分共同共有的房屋造成另一方损失,离婚时另一方请求赔偿损失的,人民法院应予支持。

最高人民法院《关于适用〈中华人民共和国婚姻法〉若干问题的解释(一)》

第十七条 婚姻法第十七条关于"夫或妻对夫妻共同所有的财产,有平等的处理权"的规定,应当理解为:

(一)夫或妻在处理夫妻共同财产上的权利是平等的。因日常生活需要而处理夫妻共同财产的,任何一方均有权决定。

(二)夫或妻非因日常生活需要对夫妻共同财产做重要处理决定,夫妻双方应当平等协商,取得一致意见。他人有理由相信其为夫妻双方共同意思表示的,另一方不得以不同意或不知道为由对抗善意第三人。

《中华人民共和国物权法》

第一百零六条　无处分权人将不动产或者动产转让给受让人的，所有权人有权追回；除法律另有规定外，符合下列情形的，受让人取得该不动产或者动产的所有权：

（一）受让人受让该不动产或者动产时是善意的；

（二）以合理的价格转让；

（三）转让的不动产或者动产依照法律规定应当登记的已经登记，不需要登记的已经交付给受让人。

受让人依照前款规定取得不动产或者动产的所有权的，原所有权人有权向无处分权人请求赔偿损失。

当事人善意取得其他物权的，参照前两款规定。

26. 当事人达成的以登记离婚或者到人民法院协议离婚为条件的财产分割协议，如果双方协议离婚未成，一方反悔的，协议有效吗？

情景再现

张某上大学时暗恋同校女生王某，但始终没有勇气表白。张某毕业后回到老家发展，五年后张某成立了自己的装修设计公司。张某招聘时发现了王某的应聘简历，遂将王某录取，并开始追求王某。王某也深深地被张某感动。于是二人登记结婚。张某与王某结婚后，才发现自己心目中的女神并不像自己想象的那样优雅、迷人，二人在性格上也不合适。张某还感觉和王某没有共同语言，因此也很少和王某说话聊天。王某也发现了张某对自己不像结婚之前好了，因此经常与张某吵架。

张某经过慎重考虑，决定和王某离婚。张某将离婚的想法告诉了王某后，王某也表示愿意离婚，于是双方签订了离婚协议，协议约定张某和王某共有的150平方米的房屋及存款50万元归王某所有，股票、债权等归张某所有。就在张某二人准备去办离婚证时，张某的父母知道了此事，坚决反对二人离婚。张某不忍心看着父母着急，遂决定先不离婚，暂时先分房居住，缓和一下二人的关系。王某本来就没有父母了，对待自己的公婆就像亲生父母，而且二老对自己也非常好，看到公婆苦苦相劝也决定暂时不离婚。张某和王某分房后，张某很少回家，对王某也是爱理不理，王某看到张某一点都没有要跟自己好好过日子的想法，就向张某提过几次离婚，但是张某总是以其父母为由不同意离婚。一年后，王某向人民法院提起离婚诉讼，要求离婚并按照原有离婚协议分割夫妻共有财产。但是张某答辩称同意离婚，但是不同意按照原协议分割财产。那么，张某可以就已经达成的财产分割协议反悔吗？

律师指点

张某可以就已经达成的财产分割协议反悔。根据《最高人民法院关于适用〈中华人民共和国婚姻法〉若干问题的解释（三）》第十四条规定："当事人达成的以登记离婚或者到人民法院协议离婚为条件的财产分割协议，如果双方协议离婚未成，一方在离婚诉讼中反悔的，人民法院应当认定该财产分割协议没有生效，并根据实际情况依法对夫妻共同财产进行分割。"

在司法实践中，由于主张离婚的当事人一方在签署协议时可能会作出一定让步，目的是希望顺利离婚。由于种种原因，双方并未到婚姻登记机关办理离婚登记，或者到法院离婚时一方反悔不愿意按照原协议履行，要求法院依法进行裁判。在这种情况下，当事人双方事先达成的离婚协议的效力问题，往往成为离婚案件争议的焦点。如果双方协议离婚未成，当事人一方有反悔的权利。

本案中，张某和王某虽然已经达成了财产分割协议，但因协议离婚未成，所以当王某向法院起诉要求离婚时，张某反悔的，人民法院应当认定该财产分割协议没有生效，并根据实际情况依法对夫妻共同财产进行分割。

法条链接

《最高人民法院关于适用〈中华人民共和国婚姻法〉若干问题的解释（三）》

第十四条 当事人达成的以登记离婚或者到人民法院协议离婚为条件的

财产分割协议,如果双方协议离婚未成,一方在离婚诉讼中反悔的,人民法院应当认定该财产分割协议没有生效,并根据实际情况依法对夫妻共同财产进行分割。

27. 妻子有婚外情,丈夫得知后对其殴打,离婚时双方可以互相要求损害赔偿吗?

现实困惑

梁某和李某自由恋爱两年,于2012年5月20日到民政局领取了结婚证,并于5月21日举行了结婚典礼。梁某和李某婚后感情一直很好,李某于2013年10月10日生下了女儿梁小某。梁小某出生后,梁某非常高兴,对李某更加关心爱护。2014年年底李某通过手机摇一摇认识了朱某,二人有共同的爱好、兴趣,李某将朱某当成自己的蓝颜知己,有什么不开心的都会告诉朱某。后朱某提出见面,李某欣然答应,二人见面后对对方都非常满意。朱某在某小区租了一套两室一厅的房屋,李某经常到该房与朱某约会,双方还以老公老婆互称,周围的邻居都以为二人是夫妻关系。

梁某一开始并不知道李某与朱某的事,后来听到别人议论,还从李某的手机上发现了与朱某的短信。2015年3月4日梁某跟踪李某找到了朱某租住的房屋。李某辩称自己与朱某是清白的。梁某看到房中悬挂的李某与朱某的婚纱照,气血上涌揪过李某就开始殴打,打得李某头破血流。梁某打完李某称一定要跟李某离婚,然后就离开了。李某随后报警。经鉴定李某所受之伤为轻微伤。2015年4月底李某向人民法院提起离婚诉讼,请求法院判令其与梁某离婚,并要求其支付离婚损害赔偿。那么李某要求支付离婚损害赔偿的请求可以得到法院的支持吗?

律师答疑

本案涉及《最高人民法院关于适用〈中华人民共和国婚姻法〉若干问

的解释（三）》第十七条的规定。根据该条规定，夫妻双方均有《婚姻法》第四十六条规定的过错情形，一方或者双方向对方提出离婚损害赔偿请求的，人民法院不予支持。离婚损害赔偿不能适用"过错相抵"原则。当夫妻双方均有《婚姻法》第四十六条规定的四项情形之一的行为，如前所述，因双方都不是"无过错方"，不能提起损害赔偿的请求。

本案中，虽然梁某妻子李某与异性朱某来往，不但有不正当的男女关系，并且还对外宣称是夫妻的行为属于重婚，梁某是"无过错方"，根据《婚姻法》第四十六条规定可以提起离婚损害赔偿的请求。但是，梁某因李某与朱某有不正当关系就对李某进行殴打，造成了李某轻微伤的后果，属于对妻子张某实施了家庭暴力，因此，他又是"过错方"。所以根据《最高人民法院关于适用〈中华人民共和国婚姻法〉若干问题的解释（三）》第十七条的规定："夫妻双方均有婚姻法第四十六条规定的过错情形，一方或者双方向对方提出离婚损害赔偿请求的，人民法院不予支持。"李某的离婚损害赔偿的请求得不到法院的支持。

法条链接

《最高人民法院关于适用〈中华人民共和国婚姻法〉若干问题的解释（三）》

第十七条 夫妻双方均有婚姻法第四十六条规定的过错情形，一方或者双方向对方提出离婚损害赔偿请求的，人民法院不予支持。

第三章

我和我的子女
——与抚养、收养子女有关的法律知识

1. 父母未离婚，也有义务给付子女抚养费吗？

情景再现

张明和王丽经熟人介绍相识，经过一段时间接触两人就确定了恋爱关系。两人恋爱一年后，双方父母就催促两人把婚给结了。王丽心中有点犹豫，原因是张明平时爱喝酒，王丽的母亲知道后就劝她："男人哪有不喝酒的，你爸爸都喝了一辈子了，我们这不也过得挺好的？"王丽听了母亲的话，觉得有道理，并且心想着："事在人为，结婚后我可以好好管着他，兴许就戒酒了呢！"

就这样，张明和王丽两个人就结婚了，婚后不久王丽就怀孕了，一年后生了一个女儿。女儿降生后，张明就想着自己创业挣大钱，将来为孩子创造更好的物质条件。但是创业也不是那么容易的事情，张明很快就创业失败了。生意垮了以后，他干脆就破罐子破摔，又喝起酒来。张明不只在外面喝，还经常带一帮朋友回家喝，一喝就是大半夜，严重影响了王丽和孩子的休息。王丽心中气不过，就经常和张明吵架，张明有时候急了就打王丽。这样反复多次，王丽见劝阻无果，就要求和张明离婚，但是张明不同意，并且放出狠话，王丽要是再提离婚他就去自杀，最后离婚的事情只能不了了之。

后来，张明便外出打工，每个月工资为2500元，但他在外打工的两年多来从未给家里寄过一分钱。王丽无奈，只好以自己两岁的女儿为原告、以自己为法定代理人将张明起诉到法院，诉称由于自己经济困难，要求张明支付女儿的抚养费。最后法院经审理认为父母对子女有抚养教育的义务，判决张明每月定期支付女儿抚养费。

律师指点

一般来说，夫妻由矛盾产生到最后离婚是一个渐进的过程，有的夫妻会选择分居，有的还会生活在一起，但是经济一般是独立的，这就使有的父母逃避支付抚养费成为可能，这会直接影响孩子的健康成长。所以在司法实践中，我们不能简单地以"夫妻共同财产"来对抗"婚内抚养费给付"，否则就会令一些人有机可乘，逃避法律责任，甚至会以此要挟对方以离婚为代价换取所谓的抚养费。

我国《婚姻法》第二十一条明确规定："父母对子女有抚养教育的义务；子女对父母有赡养扶助的义务。父母不履行抚养义务时，未成年的或不能独立生活的子女，有要求父母付给抚养费的权利。"可见，子女在父母婚姻关系存续期间向任何一方索要抚养费都是有法律依据的。不管父母双方是否离婚，抚养自己的未成年子女都是父母的法定义务，且法律也并没有规定离婚是子女主张抚养费的前置条件。因此，未成年的子女可以作为原告向未尽抚养义务的任何一方追索抚养费。况且，我国《最高人民法院关于适用〈中华人民共和国婚姻法〉若干问题的解释（三）》第三条明确规定："婚姻关系存续期间，父母双方或者一方拒不履行抚养子女义务，未成年或者不能独立生活的子女请求支付抚养费的，人民法院应予支持。"

因此，本案中张明外出打工，从未支付过女儿的抚养费，而法律规定父母对子女有抚养教育的义务，未成年或者不能独立生活的子女请求支付抚养费的，人民法院应予支持。所以王丽要求其丈夫张明支付女儿抚养费的诉求得到了法院的支持。

法条依据

《中华人民共和国婚姻法》

第二十一条 父母对子女有抚养教育的义务；子女对父母有赡养扶助的义务。

父母不履行抚养义务时，未成年的或不能独立生活的子女，有要求父母付给抚养费的权利。

子女不履行赡养义务时，无劳动能力的或生活困难的父母，有要求子女付给赡养费的权利。

禁止溺婴、弃婴和其他残害婴儿的行为。

《最高人民法院关于适用〈中华人民共和国婚姻法〉若干问题的解释（三）》

第三条 婚姻关系存续期间，父母双方或者一方拒不履行抚养子女义务，未成年或者不能独立生活的子女请求支付抚养费的，人民法院应予支持。

2. 不做亲子鉴定，人民法院也可以推定亲子关系的有无吗？

情景再现

张美丽年轻漂亮，在学校的时候就有校花之称，大学毕业就到了一个大企业上班。工作伊始，张美丽由于实践经验不足，工作起来有些手忙脚乱，同时进公司的王大刚经常帮助她解决一些搞不定的事情。张美丽对王大刚十分感激，就经常请他吃饭表示感谢。一来二去，两个人就慢慢地熟悉了，随着交往的深入，彼此产生了好感，自然而然地就走到了一起。张美丽在这个城市没有依靠，和王大刚确定恋爱关系以后，对王大刚就更加依赖了，很快两个人就结了婚。

婚后生活给张美丽带来了前所未有的安全感，她觉得王大刚就是自己的终生依靠，所以她的业余时间都用来装扮自己的小家和研究菜谱，希望可以换来王大刚长久的爱。不久后，张美丽发现自己怀孕了，她特别兴奋地把这个消息告诉了王大刚，但是王大刚并没有像张美丽预期的那样开心。原来，王大刚是一个特别爱玩的人，他觉得自己还是个孩子，根本没有能力照顾孩子。于是王大刚就劝张美丽把孩子打掉，但是张美丽向往稳定的生活，坚决不同意打掉孩子。就这样，张美丽坚持把孩子生了下来。

没想到，孩子生下来以后，王大刚对张美丽和孩子不闻不问，甚至怀疑孩子不是自己的。张美丽特别生气，提出做亲子鉴定，又遭到了王大刚的拒绝。张美丽无奈之下来到法院，一纸诉状将丈夫告上了法庭。最后法院根据我国《婚姻法解释（三）》第二条规定推定了王大刚和孩子的亲子关系成立，保护了孩子应该享有的被抚养权利。

律师指点

亲子关系推定，是指一方当事人提供的证据足够证明另一方当事人为其生父或生母，而另一方当事人虽否认其为生父或生母，又无证据支撑自己的主张，且没有证据证明一方当事人的主张不成立，同时又拒绝作亲子鉴定，为了保护未成年人和非婚生子女的合法权益，而推定当事人之间的亲子关系成立。我国对于亲子推定有明确规定，根据我国《最高人民法院关于适用〈中华人民共和国婚姻法〉若干问题的解释（三）》第二条的规定，夫妻一方向人民法院起诉请求确认亲子关系不存在，并已提供必要证据予以证明，另一方没有相反证据又拒绝做亲子鉴定的，人民法院可以推定请求确认亲子关系不存在一方的主张成立。当事人一方起诉请求确认亲子关系，并提供必要证据予以证明，另一方没有相反证据又拒绝做亲子鉴定的，人民法院可以推定请求确认亲子关系一方的主张成立。

由于现代生物医学技术的发展，DNA鉴定技术被广泛应用于子女与父母尤其是与父亲血缘关系的证明。这种亲子鉴定技术简便易行，准确率较高。在处理有关纠纷时，如果一方提供的证据能够证明当事人之间可能存在或不存在亲子关系，另一方没有相反的证据又坚决不同意做亲子鉴定的，人民法院可以按照相关规定推定请求否认亲子关系一方或者请求确认亲子关系一方的主张成立，而不配合法院进行亲子鉴定的一方要承担败诉的法律后果。所以本案中，即使张美丽的丈夫不同意去做亲子鉴定，张美丽只要具有足够的证据也能依法维护自己和孩子的合法权益。

法条依据

《最高人民法院关于适用〈中华人民共和国婚姻法〉若干问题的解释（三）》

第二条 夫妻一方向人民法院起诉请求确认亲子关系不存在，并已提供必要证据予以证明，另一方没有相反证据又拒绝做亲子鉴定的，人民法院可以推定请求确认亲子关系不存在一方的主张成立。

当事人一方起诉请求确认亲子关系，并提供必要证据予以证明，另一方没有相反证据又拒绝做亲子鉴定的，人民法院可以推定请求确认亲子关系一方的主张成立。

3. 离婚后，父母与不与之共同生活的子女的关系依旧存在吗？

情景再现

孙倩三岁的时候，父母由于性格不合离异。因为孙倩当时年纪小，就一直跟随母亲共同生活，父亲每月支付孙倩一定的生活费，而母亲为了孙倩也没有再婚。本来相安无事，孙倩以为自己会一直这样安静地生活下去，但是这种平衡却因为自己上学的问题给打破了，父母在离婚十多年后居然对簿公堂。

事情还得从孙倩上高中说起，孙倩虽然是单亲家庭，但是她没有像别的父母离异的孩子一样叛逆，反而学习成绩特别优秀，性格也十分温和。孙倩由于学习成绩突出，中考时考上了市里的重点高中，可是在市里读高中不仅费用高，而且离家特别远。于是孙倩的母亲要求孙倩在县里的一所高中就读，并称只要学习用功在哪里上学都一样。孙倩虽然心里不愿意，但是她十分体恤母亲把自己抚养长大的艰辛，想着自己去市里读书了家里就妈妈一个人，等到自己以后上大学妈妈还是一个人，多陪妈妈几年也是好的，就同意了。

但是，孙倩的父亲得知孙倩不去市里上高中的事情后特别生气，就去找孙倩的母亲理论。孙倩的父亲来到孙倩母亲住处表示自己愿意承担孙倩上高中的一切费用，但是女儿必须到市里去上高中。孙倩的母亲根本就听不进去孙倩父亲说的话，并且声称，孙倩是自己抚养长大的，和孙倩的父亲一点关系都没有，两个人的父女关系早在两个人离婚的时候就解除了，孙倩的父亲没有权利干涉孙倩现在的生活。孙倩的父亲一怒之下将孙倩的母亲告上了法庭，法庭经过审理认为孙倩虽然由母亲抚养，但是父母与子女间的关系，不因父母离婚而消除，其父亲对孙倩仍有抚养和教育的权利与义务。最后孙倩在父亲的安排下去了市里上学。

律师指点

婚姻家庭法中的亲权是以家庭主体间特定的亲属身份为发生依据的，父母子女之间的血缘关系并不因父母离婚的法律行为而发生改变。但是在现实生活中，离婚后父母与子女的关系容易走两个极端。一种是父母离婚后，谁与子女共同生活，子女就归谁，与对方再无关系。另一种极端是谁取得子女的抚养权与子女共同生活，谁就要完全承担关于子女的一切义务，另一方就没有抚养教育子女的义务。这两种做法都是错误的，不仅不利于子女的身心健康，还违反了我国法律规定。

离婚消除的只是夫妻关系，而不是父母子女之间的关系。离婚后，子女无论由谁抚养，仍是父母双方的子女。有关婚姻存续期间父母和子女的权利义务法律规定，都适用于离婚后父母子女关系，这是由婚姻关系和父母子女关系的不同性质确定的。父母子女关系是一种血亲关系，是自然属性，是不能通过法律程序人为地加以终止的。离婚后，不与子女共同生活的一方，只是改变了行使权利和履行义务的形式，而不是解除了父母子女间的权利和义务，所以父母对未成年子女的相关权利和义务不因离婚而消失。

我国《婚姻法》第三十六条规定："父母与子女间的关系，不因父母离婚而消除。离婚后，子女无论由父或母直接抚养，仍是父母双方的子女。离婚后，父母对于子女仍有抚养和教育的权利和义务。"由此可见，离婚后，父母与不与之共同生活的子女的关系不会解除。本案中，孙倩虽由母亲带大，但是其与父亲的关系并没有解除，父亲对其仍有抚养和教育的权利与义务。

法条依据

《中华人民共和国婚姻法》

第三十六条 父母与子女间的关系，不因父母离婚而消除。离婚后，子女无论由父或母直接抚养，仍是父母双方的子女。

离婚后，父母对于子女仍有抚养和教育的权利和义务。

离婚后，哺乳期内的子女，以随哺乳的母亲抚养为原则。哺乳期后的子

第三章 我和我的子女——与抚养、收养子女有关的法律知识

女，如双方因抚养问题发生争执不能达成协议时，由人民法院根据子女的权益和双方的具体情况判决。

4. 夫妻离婚后，未成年子女抚育费的数额如何确定？

情景再现

张伟的父母张明和王芳经熟人介绍相识相恋结了婚，由于婚前两人了解较少，婚后两人经常因为一些鸡毛蒜皮的事情吵闹。张伟出生后，王芳为了照顾孩子就辞职在家做起了全职太太。王芳辞职后，一心扑在了孩子身上，夫妻二人的交流就越来越少，除了在孩子的问题上还能说两句，渐渐地也就没有什么话可说了。

一次偶然的机会，张明认识了离异的蒋丽，张明在蒋丽身上感受到了女人特有的温柔和善解人意，再加上家中压抑的气氛，张明的这场婚外情就迅猛地发展了起来。张明有婚外情的事情暴露时，张伟才四岁，王芳虽然感到万念俱灰，但是看看年幼的儿子，为了能够给儿子一个完整的家，王芳原谅了张明，两个人没有离婚，而是选择继续生活在一起。

虽然两人没有离婚，但是张明有婚外情这件事像一块石头一样压在王芳的心上，让她时常感到透不过气来。有了这样的心结，王芳在家里稍有不顺就大发雷霆，和张明争吵的频率也越来越频繁。原先两人吵架还避着张伟，后来发展到当着孩子的面都动起手来，张伟经常被吓得哇哇大哭。最后，张明觉得这样的婚姻维持下去没有任何意义，还有可能对张伟造成不可弥补的伤害，就提出了离婚。

面对即将破碎的家庭，王芳向张明提出了高额的抚育费用，可是张明根本支付不起。经过几次协商都无法达成共识，最后两人将此事闹到了法庭。法院经审理认为，父母双方离婚时，子女的抚育费数额可根据子女的实际需要、父母双方的负担能力和当地的实际生活水平确定，法院对王芳向张明要求支付高额抚育费的诉求没有支持，而是判决张明每月支付的抚育费是他每

117

月收入的百分之二十五。

律师指点

抚育费也称抚养费，是父母或其他对未成年人负有抚养义务的人，为未成年人承担的生活、教育等费用。我国法律上的抚养费，是指当这些人不能充分履行或不履行抚养义务时，支付给未成年人的费用。抚养费一般包括三项，即生活费、教育费和医疗费。

关于离婚子女抚养费数额问题，《最高人民法院关于人民法院审理离婚案件处理子女抚养问题的若干具体意见》第7条明确规定："子女抚育费的数额，可根据子女的实际需要、父母双方的负担能力和当地的实际生活水平确定。有固定收入的，抚育费一般可按其月总收入的百分之二十至三十的比例给付。负担两个以上子女抚育费的，比例可适当提高，但一般不得超过月总收入的百分之五十。无固定收入的，抚育费的数额可依据当年总收入或同行业平均收入，参照上述比例确定。有特殊情况的，可适当提高或降低上述比例。"

由此可见，关于子女抚育费用的具体数额，法律规定得比较灵活，针对不同的情况适用不同的标准：父母有固定收入的和没有固定收入的适用不同的标准；如果协商一致，抚养费可以由一方全部负担。当然，如果有证据显示承担全部抚养费的一方抚养能力明显不能保障子女所需费用，影响子女健康成长的，则不可以；即使达成前述协议，如果过一段时间后，双方经济情况确有变化，子女的生活费和教育费确有增加或者给付的必要，一方仍可诉至法院，要求另一方承担抚养费。因此，张伟母亲的过分要求是得不到法院的认可的，其父应根据法律相关规定和自己的实际情况支付张伟的抚养费。

法条依据

《最高人民法院关于人民法院审理离婚案件处理子女抚养问题的若干具体意见》

7. 子女抚育费的数额，可根据子女的实际需要、父母双方的负担能力和当地的实际生活水平确定。

第三章 我和我的子女——与抚养、收养子女有关的法律知识

有固定收入的，抚育费一般可按其月总收入的百分之二十至三十的比例给付。负担两个以上子女抚育费的，比例可适当提高，但一般不得超过月总收入的百分之五十。

无固定收入的，抚育费的数额可依据当年总收入或同行业平均收入，参照上述比例确定。有特殊情况的，可适当提高或降低上述比例。

5. 父母离婚的，子女在什么情况下可以要求父母增加必要的费用？

情景再现

梁斌和杨慧是大学同学，在大学就确立了恋爱关系，大学毕业后两人就步入了婚姻的殿堂，婚后第二年就生下了女儿梁莉。但是梁莉的到来并没有为这个家庭带来预期的快乐，反而加速了梁斌和杨慧婚姻走到尽头。原来杨慧怀孕期间，梁斌和公司新来的女同事打得火热，梁莉出生后，梁斌不但没有悔改，反而以孩子吵闹为由，经常夜不归宿，杨慧不堪忍受就提出了离婚。

梁莉在父母离婚后一直跟母亲杨慧生活在一起，父亲梁斌每月支付一定的生活费用。杨慧在和梁斌离婚的第二年认识了高峰，高峰为人风趣幽默、感情细腻，不仅对杨慧特别照顾，对梁莉也是疼爱有加。杨慧对高峰经过一段时间的观察，发现他对梁莉是真的好，就和高峰结了婚。婚后，高峰还是一如既往地对杨慧和梁莉好，杨慧觉得自己的苦日子到头了，没想到还能够再次组成一个幸福的家庭，时常为自己的好运气感到庆幸。但是好景不长，婚后没多久，高峰就发生了车祸，成为了残疾人，基本上丧失了劳动能力，生活的重担一下子落到了杨慧一个人的身上。杨慧一个人的工资又要给高峰看病，还要支付梁莉的学费，日子艰难可想而知。

这几年随着物价的上涨，梁莉上学的各项费用支出不断增多，家里的生活越发艰难了。梁莉看着自己的母亲每天疲惫不堪，十分心疼，就找到了父亲梁斌，要求他增加一定的生活费。梁斌一听说梁莉是来要钱的，二话不说

就拒绝了。梁莉无奈只好将父亲梁斌告到了法院,要求其增加抚养费。法院最后审理认为,由于物价上涨,梁莉要求父亲增加生活费的诉求合情合理,于是就根据梁斌的实际经济状况判决其增加了抚养费。

律师指点

现实中父母离婚,子女请求增加抚养费是必然的,因为随着时间推移子女会长大,原来离婚时确定的数额不能满足孩子的正常需求,还有父母双方的经济状况也会发生变化,如不加以变更,就无法保证子女正常生活和学习的需要。在司法实践中,子女因疾病、升学等实际需要,提出增加抚养费的,只要数额适当,要求合理,给付者有给付能力的,可以适当增加子女抚养费。

对于离婚后子女要求增加抚养费的,我国《婚姻法》第三十七条第二款明确规定:"关于子女生活费和教育费的协议或判决,不妨碍子女在必要时向父母任何一方提出超过协议或判决原定数额的合理要求。"由此可见,我国法律是支持子女要求父母增加生活费的,但此增加不能是狮子大开口,必须是一个合理的数据。本案中梁莉因物价上涨,有权要求父亲增加生活费,这是其所享有的权利,其父亲无权拒绝。在现实生活中,夫妻双方离婚,商定子女的抚养费时,要充分考虑到各种因素,如有能力应每年上浮抚养费,以适应社会变化,减少不必要的家庭矛盾和法律诉讼,让离婚后的子女和父母多一些和谐亲情。

另外,要求增加子女抚养费时,有识别能力的子女可以直接与父亲或母亲商量,也可以由离婚的双方协商解决。如果协商不成,抚养子女的一方可以作为子女的法定代理人参加诉讼,向法院请求另一方增加子女的抚养费。

法条依据

《中华人民共和国婚姻法》

第三十七条 离婚后,一方抚养的子女,另一方应负担必要的生活费和教育费的一部或全部,负担费用的多少和期限的长短,由双方协议;协议不成时,由人民法院判决。

关于子女生活费和教育费的协议或判决，不妨碍子女在必要时向父母任何一方提出超过协议或判决原定数额的合理要求。

6. 离婚后，父母可以约定轮流抚养孩子吗？

情景再现

满国强出生在农村，小时候家里条件不好，再加上母亲常年有病，整个家庭全靠父亲一人支撑，所以，满国强从懂事起就帮着父母操持家务，在父亲外出时，他就承担起照顾母亲的责任，俨然就是一个小家长。所幸的是家里虽然穷，但父亲特别重视孩子的教育问题，他坚信知识改变命运，无论再苦再难都坚持供儿子上学。最终，功夫不负有心人，满国强考上了大学，成为村里第一个大学生，为父母的脸上增了光。

满国强大学毕业后，留在了大城市工作，并且在事业稳定后还买了套房子，结了婚。妻子杨丹是经同学介绍认识的，婚后两人感情还不错，不久杨丹就怀孕了，给满国强生了一个大胖小子。儿子的到来为这个三口之家增添了很多快乐，但同时也带来了不少烦恼。由于生活环境和成长背景的不同，满国强和杨丹在对孩子的生活习惯和教育观念的处理上产生了很大的分歧，两人常常因为孩子问题争吵不休，再加上满国强的父母还时常过问、插手，使问题更加严重，矛盾日益加剧。

最近，满国强的父母以想念孙子为由，从农村来到了城里儿子的家中，并且打算多住一段时间，美其名曰和孙子培养感情。一天，杨丹把孩子从幼儿园接回来后，就安排孩子练习弹琴，而孩子的爷爷奶奶却要带孩子到楼下和小朋友们玩耍，他们觉得孩子在学校累了一天了，放学后应该好好休息一下。杨丹则坚持让孩子练完琴再出去，并称这样可以培养孩子养成良好的学习习惯。老两口一看儿媳妇这样不给自己的面子，把前几天憋着的气就趁机发了出来。满国强回来后一看妻子又和父母置气，就不问青红皂白打了杨丹。事后，杨丹坚持和满国强离婚，最后两人协议离婚，但双方在5岁儿子的抚

121

养权问题上互不让步。最后咨询了律师才知道在不损害子女利益的前提下，可以轮流抚养儿子。

律师指点

根据我国《婚姻法》第三十一条的相关规定，夫妻双方自愿离婚，并对子女的抚养和财产问题做了适当处理的，应准予离婚。而在处理孩子的抚养问题上，只要有利于保护子女利益，能使子女的身心健康成长，并不禁止离婚父母协商轮流抚养子女。由此可见，离婚后双方通过协商轮流抚养子女这一做法是符合法律规定的。离婚时，子女以归一方抚养为原则，轮流抚养为例外，但无论怎么决定孩子的抚养问题，都要充分结合父母双方的基本条件来妥善解决。需要注意的是，轮流抚养必须是夫妻双方协商同意并有利于保护子女利益，如果一方不同意或不利于孩子健康成长就行不通。孩子健康成长的标准就是对孩子的生活、学习没有不利影响。

结合本案，满国强和杨丹最后商定轮流抚养孩子是有法可依的，但是要以维护孩子的利益和有利于孩子的健康成长为前提，如果这种抚养方式一旦有损孩子的利益或者健康成长就必须终止。生活中因父母离婚而争夺孩子抚养权的事情时有发生，实际上，父母与子女间的关系，并不会因父母离婚而消除。离婚后，子女无论由父或母直接抚养，仍是父母双方的子女，父母对子女仍有抚养和教育的权利和义务。在有利于孩子成长的前提下，离婚双方协议轮流抚养孩子，更有利于孩子与父母双方接触，避免孩子因缺失父爱或者母爱而产生心理问题，可以最大限度地保护孩子的身心健康，本案中满国强和杨丹协议轮流抚养是合法的。

法条依据

《中华人民共和国婚姻法》

第三十一条　男女双方自愿离婚的，准予离婚。双方必须到婚姻登记机关申请离婚。婚姻登记机关查明双方确实是自愿并对子女和财产问题已有适当处理时，发给离婚证。

第三十六条 父母与子女间的关系，不因父母离婚而消除。离婚后，子女无论由父或母直接抚养，仍是父母双方的子女。

离婚后，父母对于子女仍有抚养和教育的权利和义务。

离婚后，哺乳期内的子女，以随哺乳的母亲抚养为原则。哺乳期后的子女，如双方因抚养问题发生争执不能达成协议时，由人民法院根据子女的权益和双方的具体情况判决。

《最高人民法院关于人民法院审理离婚案件处理子女抚养问题的若干具体意见》

6.在有利于保护子女利益的前提下，父母双方协议轮流抚养子女的，可予准许。

7.离婚时，登记在子女名下的财产应该怎么办？

情景再现

陈亚新和王青经人介绍相识相恋，经过一段时间的接触，两人都觉得对方就是自己要寻找的终身伴侣，就步入了婚姻的殿堂。婚后第二年，王青就怀孕了，陈亚新觉得妻子怀孕了还上班着实辛苦，就劝妻子辞职回家做全职太太。王青想着反正丈夫的公司也逐渐步入了正轨，家里也不需要自己的这点工资，再加上自己怀孕后反应比一般人要厉害，确实没有办法安心上班，就听从丈夫的安排回家专心养胎去了。

转眼间，儿子渐渐长大了，为了照顾儿子的饮食起居和学习，王青就没有再去上班，她想陈亚新的生意越做越大，也不差自己挣的那点钱。但与此同时，她也预感到自己的婚姻出了问题，因为丈夫回家后和自己基本上没有什么交流，有时候自己主动询问公司的事情时，总被丈夫以她这么多年不和社会接触根本不懂为由而拒绝沟通。

渐渐地，夫妻两人能够交流的话题除了孩子的事情就没别的了，王青天天都觉得生活很空虚，觉得自己在这个家根本就没有价值。然而，最近一阵王青的注意力发生了转移，因为自己和陈亚新结婚20周年纪念日就要到了，且儿子正好也刚满18周岁，丈夫想为儿子举办一个成人礼。这一段时间，王青都是在为儿子的成人礼而奔忙，所以日子也都跟着快乐了起来，不再患得患失，想着丈夫为儿子的事情这么上心，证明他还是很在乎这个家的。

为了庆祝儿子成年，陈亚新与王青为儿子举行了盛大的成人礼，并购买了一辆车送给儿子，该车登记在儿子名下。不久，陈亚新以感情破裂为由向法院提起诉讼，要求离婚。分割财产时，陈亚新与王青就送给儿子的车是否属于夫妻共有财产争执不休。最后只好找到律师咨询，律师的答复是父母为儿子买的车，是赠与行为，其所有权归儿子所有。

律师指点

登记在子女名下的财产所有权归子女所有，不是夫妻共同财产。我国《民法通则》第十八条第一款明确规定："监护人应当履行监护职责，保护被监护人的人身、财产及其他合法权益，除为被监护人的利益外，不得处理被监护人的财产。"由此可见，父母作为监护人没有权利减少和损害被监护人的财产，自然无权处分登记在子女名下的财产。父母虽然离婚，但对未成年子女的监护关系并不改变，在离婚期间还需要保护监护人的财产安全，只有等子女成年后由他自己处分自己的财产。离婚时，双方只能分割夫妻共同财产，不可以分割登记在子女名下的财产。

本案中，陈某和王某送给孩子的那辆车虽然是以夫妻共同财产购买，但却是两人为孩子而买，且登记在孩子的名下，属于父母对孩子的赠与行为，不管孩子是否成年都有接受赠与财产的权利，因而该车不属于夫妻共同财产，而是孩子个人所有的财产。对此，我国《合同法》第一百八十五条有明确的规定："赠与合同是赠与人将自己的财产无偿给予受赠人，受赠人表示接受赠与的合同。"在本案中，赠与财产的所有权因赠与行为的实际履行，已发生了转移。父母为儿子买了车且登记在儿子名下，其所有权归儿子所有。如果父母离婚时，子女尚未成年，则由子女的监护人保护其财产安全。如果父母离婚时，子女已成年，则子女以具有完全民事行为能力的公民身份享有该财产的所有权和处分权。本案中陈某的儿子已经成年，那辆车应该由其子处分，陈某和王某离婚时不可分割此车，只能分割夫妻共同财产。

法条依据

《中华人民共和国合同法》

第一百八十五条 赠与合同是赠与人将自己的财产无偿给予受赠人，受赠人表示接受赠与的合同。

《中华人民共和国民法通则》

第十八条第一款 监护人应当履行监护职责，保护被监护人的人身、财产及其他合法权益，除为被监护人的利益外，不得处理被监护人的财产。

8. 离婚后，孩子的抚养权可以变更吗？

情景再现

王庆和韩丽是高中同学，后来因两人考取了不同的大学就分开了。然而，大学毕业后的第二年，两人又因工作原因而再次相遇。老同学见面分外亲切，再加上同是身在异乡，彼此又多了些惺惺相惜，隔三岔五地便要聚聚。就这样一来二去，两人经过深入了解，确定了恋爱关系，随后就结了婚。婚后，夫妻两人的感情还不错，日常生活、工作中互相帮助，共同进步，每天都有使不完的劲。

婚后第三年，韩丽怀孕了，十月怀胎生了一个女儿。但是孩子的降生不但没有加深夫妻的感情，反而让原本感情很好的两个人恶言相向。原来，孩子出生后，韩丽经常忙得手脚并用，除了上班就是照顾孩子，而王庆还是像孩子没有出生时一样，天天不是泡吧，就是回到家玩游戏。韩丽多次提醒王庆应该帮自己分担一些家务，照顾一下孩子，王庆总是嘴上满口答应，实际却是表里不一，每次照看孩子不超过十分钟就会发火，不耐烦地把孩子丢在一边。

无奈，韩丽向王庆提出离婚，正好王庆也天天被这些琐事弄得焦头烂额，甚至怀疑自己结婚就是个错误，随即就答应了。两人离婚后，韩丽取得了孩子的抚养权，王庆每月支付一定的抚养费。但离婚没多久，韩丽被检查出癌症晚期，身体状况非常不好，就提出和王庆商量变更一下孩子的抚养权问题。谁料王庆以自己工作忙无暇照顾孩子为由拒绝了韩丽的提议。为了孩子，韩丽遂向法院申请变更孩子的抚养权，把孩子交与其父抚养。法院经过审理认为，韩丽的身体状况已经不再适合抚养孩子，依法支持了韩丽的诉讼请求。

律师指点

依据我国相关法律规定，夫妻离婚后，孩子的抚养权是可以变更的。因为在确定离婚子女的抚养权归属时，遵循的原则是"有利于子女的身心健康，有利于子女的健康成长，保障子女的合法权益"。离婚后，一旦抚养孩子的一方出现不能履行抚养义务或不能给孩子带来良好生活和教育环境的情形，另一方可以依法要求变更孩子的抚养权，以确保孩子健康成长和受到良好教育。对此，我国《最高人民法院关于人民法院审理离婚案件处理子女抚养问题的若干具体意见》第16条明确规定了几种法定变更子女抚养关系的事由，其中抚养子女一方因患严重疾病无力继续抚养就是法定情形之一。除此之外，《最高人民法院关于人民法院审理离婚案件处理子女抚养问题的若干具体意见》第十七条还规定，父母双方可以协议变更子女抚养关系。

本案中法院支持韩某请求的做法是符合法律规定的。韩某属于与子女共同生活的一方，因患严重疾病无力继续抚养子女，法院依照当事人的诉讼请求，对抚养关系予以变更，这与我国以保护子女合法利益确定抚养权原则是相对应的。本案中韩某的身体状况已经不能再继续抚养孩子，而王某对子女的抚养监护义务不因和韩某离婚而消除，法院应依法支持韩某的诉讼请求。

法条依据

《最高人民法院关于人民法院审理离婚案件处理子女抚养问题的若干具体意见》

15. 离婚后，一方要求变更子女抚养关系的，或者子女要求增加抚育费的，应另行起诉。

第三章　我和我的子女——与抚养、收养子女有关的法律知识

16. 一方要求变更子女抚养关系有下列情形之一的，应予支持。

（1）与子女共同生活的一方因患严重疾病或因伤残无力继续抚养子女的；

（2）与子女共同生活的一方不尽抚养义务或有虐待子女行为，或其与子女共同生活对子女身心健康确有不利影响的；

（3）十周岁以上未成年子女，愿随另一方生活，该方又有抚养能力的；

（4）有其他正当理由需要变更的。

17. 父母双方协议变更子女抚养关系的，应予准许。

《中华人民共和国婚姻法》

第三十六条　父母与子女间的关系，不因父母离婚而消除。离婚后，子女无论由父或母直接抚养，仍是父母双方的子女。

离婚后，父母对于子女仍有抚养和教育的权利和义务。

……

9. 离婚后，子女的姓氏可以变更吗？

情景再现

申慧和蔡清因工作关系认识，经过一段时间的接触确立了恋爱关系。恋爱一年后，蔡清向申慧求婚，正赶上申慧的父母催促她结婚，申慧就顺理成章地和蔡清结了婚。婚后没多久，申慧就发现蔡清有赌博恶习，几经规劝毫不悔改。申慧便想到了离婚，但是自己已经怀孕并且快生产了，为了孩子只好委曲求全。孩子出生后，申慧以为蔡清会为了孩子有所收敛，但是没想到，蔡清居然以孩子吵闹为由夜不归宿，一打起牌来就是一整夜。最后，申慧觉得和蔡清的婚姻再继续下去会影响孩子的健康成长，就和蔡清离了婚。

申慧离婚后，一个人带着孩子，还得上班，生活的艰辛可想而知。闺蜜看不下去，就时常劝申慧再找一个，总比自己苦撑着强。后来，在闺蜜的撮合下，申慧认识了现在的丈夫老余，再一次走进了婚姻的殿堂。老余比申慧大七岁，也有过一次失败的婚姻，没有孩子。可能因为同是二婚的缘故，老

余对申慧的照顾可称得上是无微不至，对申慧的孩子也是疼爱有加，这让申慧对未来的生活充满了信心，觉得幸运之神还是眷顾自己的。

申慧与老余再婚后，享受到了前所未有的家庭温暖，为了给老余一个交代，便把孩子的姓氏由"蔡"改为了"余"，使孩子随继父姓余。申慧的前夫蔡清知道孩子改姓的事情后，表示坚决反对。为此，还多次找申慧进行交涉，申慧称自己独力抚养孩子，蔡清从未尽到一天当父亲的责任，没有权利干涉孩子的姓氏。多次协商无果，蔡清一气之下向法院提起诉讼，要求恢复孩子的姓氏。法院经过审理认为孩子既可以随父姓，也可以随母姓。但在离婚后一方擅自将子女的姓氏改为继母或者继父的姓氏而引起纠纷时，应该让孩子恢复原姓。申慧擅自更改孩子姓氏是不妥的，应该让孩子恢复原姓。

律师指点

依据我国法律规定，子女可以随父姓，也可以随母姓，但在现实生活中，子女随父姓是传统。因为我国大多数婚姻还是以男方娶妻为主，入赘为辅，这与我国几千年来的传统文化有关。一般而言，孩子出生后，随父姓还是随母姓是由夫妻双方协商确定的，所以如果孩子需要变更姓氏，也应当由父母双方协商进行。对此，我国《婚姻法》第二十二条和《最高人民法院关于人民法院审理离婚案件处理子女抚养问题的若干具体意见》第19条都有相关规定，子女可以随父姓，也可以随母姓。但离婚后任何一方擅自将子女的姓氏改为继母或者继父的姓氏而引起纠纷时，应该让孩子恢复原姓。

本案中，申某在未经蔡某同意的情况下将孩子的姓氏改为其现任丈夫老余的姓氏，这一做法不符合法律规定。申某的做法属于擅自将子女的姓氏改为继父的姓氏，由此引起纠纷的，应责令恢复原姓氏，法院支持蔡某诉求的做法是有法可依的。

法条依据

《中华人民共和国婚姻法》

第二十二条 子女可以随父姓，可以随母姓。

第三章　我和我的子女——与抚养、收养子女有关的法律知识

《最高人民法院关于人民法院审理离婚案件处理子女抚养问题的若干具体意见》

19. 父母不得因子女变更姓氏而拒付子女抚育费。父或母一方擅自将子女姓氏改为继母或继父姓氏而引起纠纷的，应责令恢复原姓氏。

10. 女方未婚生子能要求生父承担抚养义务吗？

情景再现

李某大学毕业后到甲公司工作，因为工作关系结识了乙公司的男青年杜某，二人一见钟情，很快就确定了恋爱关系。李某和杜某相处几个月后就同居了，二人在某公寓租了一套一室一厅的房屋，每天一起上下班，感情非常好。半年后，李某怀孕了，杜某得知此消息后一脸愁容，他觉得自己和李某都刚毕业，收入不高也没有积蓄，根本没有能力抚养孩子，就动员李某将孩子打掉。李某坚决不同意，表示一定要将孩子生下来。之后不久，杜某就被公司派往国外培训一年。杜某在国外培训的一年里从来没有回来看望过李某，二人只靠网络聊天。杜某曾多次询问李某什么时间去将孩子打掉，李某总是找各种借口推脱。半年后杜某就不再和李某联系了，李某打杜某的电话总是无人接听。

李某怀孕的事一直没有告诉自己的母亲，但其马上就要生产了，没有人看护，只好将此事告诉了母亲。李某的母亲知道后非常生气，将李某一顿大骂，在了解到孩子的生父不知所踪之后更是气愤。之后李某生下了一个男孩取名杜小某。李某的产假结束后，就回到公司上班，由她的母亲照顾儿子杜小某。杜某一年培训期将满，李某就向杜某同事询问杜某回国的时间，杜某的同事说杜某已经被调往邻市分公司工作了，杜某回国后直接去分公司，不会再回总公司了。后李某多次拨打杜某的电话，总是无人接听，后来干脆就是空号了。李某没办法联系到杜某，只好一个人抚养杜小某。但是李某既要付房租，还要抚养杜小某，她的工资根本就不够用。无奈之下，李某就到邻市杜某工作

129

的分公司想找到杜某商量一下孩子的抚养问题,但当她到杜某公司后却看见杜某和一个漂亮姑娘手牵手走出公司。李某这才知道杜某早就另有女朋友了。那么,李某能要求杜某履行抚养杜小某的义务吗?

律师指点

非婚生子女是指没有婚姻关系的男女所生的子女。与婚生子女相比,非婚生子女在出生时生父和生母没有婚姻关系。导致非婚生子女出现的情形有很多种,常见的有男女双方同居但没结婚所生的子女,夫妻中的一方与婚外异性所生的子女,单身或已婚女性被他人强奸所生的子女等等。我国法律在对待非婚生子女的问题上采取的态度是:非婚生子女享有与婚生子女同等的法律地位。也就是说,婚生子女享有的权利,非婚生子女也享有,那么,不论是生父还是生母,都对非婚生子女负有抚养和教育的权利和义务。如果不与非婚生子女生活在一起的一方拒绝履行该义务,非婚生子女有权向人民法院起诉要求其承担相应的责任。

本案中,李某和杜某相恋后,在没有领取结婚证的情况下,就开始同居,李某还生育了儿子杜小某,杜小某就是典型的非婚生子女。杜小某从出生就由李某抚养,杜某作为生父,从李某怀孕到杜小某的出生,都是不闻不问,甚至断绝与李某的往来,从未尽过抚养和教育杜小某的义务。根据我国《婚姻法》第二十五条的规定,杜某应该承担杜小某的生活费和教育费。如果杜某仍对杜小某不管不顾,李某可以作为法定代理人以杜小某的名义向人民法院起诉,要求杜某承担抚养义务。

法条依据

《中华人民共和国婚姻法》

第二十五条 非婚生子女享有与婚生子女同等的权利,任何人不得加以危害和歧视。

不直接抚养非婚生子女的生父或生母,应当负担子女的生活费和教育费,直至子女能独立生活为止。

11. 父母离婚后，儿子上大学能要求父亲承担学费吗？

情景再现

周某与陈某经人介绍认识，相处一年后步入了婚姻的殿堂。婚后陈某生育了儿子周小某。周小某十岁时，周某和陈某协议离婚，双方约定周小某跟随母亲陈某生活，周某每月给付抚养费300元，周某每星期探视儿子一次。两人离婚后，周某就搬走了，剩下陈某与周小某共同生活。周某离婚后自己做服装生意，有时忙得一个月也不来看儿子一次，周小某与周某的关系也慢慢地疏远了。随着生活水平的提高，周某每月给付的300元钱远远不够周小某日常开支，陈某就同周某商量增加抚养费，周某同意每月给付600元直至周小某18岁为止。

一转眼，周小某就上高二了。此时周某与自己雇佣的年轻的销售员李某产生了感情并结了婚，婚后二人准备再生一个孩子。周小某上高三后，陈某为了孩子能考上更好的学校，帮周小某报了好几个辅导班，周小某的花费一下子更多了，陈某花掉了积攒几年的积蓄。周某考虑到周小某上高三的实际情况，主动联系陈某多支付一年的抚养费，并每月给周小某1000元钱，并将一年的钱一次性打给了陈某。周某的现任妻子李某知道此事后，到陈某家大闹一通，说孩子满18岁了就不能再跟周某要钱了，难道还让周某管周小某一辈子吗？为了儿子，陈某忍气吞声，李某在陈某家闹完后说以后不允许陈某再因为周小某向周某要钱了。周小某知道母亲的良苦用心，更加刻苦地学习，终于考取了北京一所知名大学，陈某高兴之余开始为周小某的大学学费发愁。周小某知道自己的家庭情况，就想向经商的父亲周某要一些钱支付大学学费，但是陈某想到李某之前来家大闹一场，而且周某也准备再生一个孩子，她不知道向周某要钱他还会不会给。那么，周小某能要求父亲周某继续支付抚养费和学费吗？

131

律师指点

抚养是指父母抚育子女的成长，并为他们的生活、学习提供一定的物质条件。父母不但要对未成年子女的健康成长承担责任，还应该在思想上引导教育子女，更应该为子女在学习和受教育上提供应有的物质条件。父母对子女的抚养教育义务，是父母双方的共同义务和责任，任何一方对于孩子的身心健康都起到至关重要的作用。即使夫妻离异，没有与子女生活在一起的一方也不能免除该义务。这种义务对于未成年的子女来说是绝对的，而对于年满18周岁的成年子女，我国《婚姻法》第二十一条也作出了规定，即"不能独立生活的子女，有要求父母付给抚养费的权利"。此处的不能独立生活的子女，根据《最高人民法院关于人民法院审理离婚案件处理子女抚养问题的若干具体意见》第12条的规定为以下三种情况：丧失劳动能力或虽未完全丧失劳动能力，但其收入不足以维持生活的；尚在校就读的；确无独立生活能力和条件的。

本案中，陈某和周某离婚，婚生子周小某由陈某抚养，父亲周某支付抚养费。周小某考入了北京某大学，其属于尚在校就读的学生，他没有生活来源，都是靠父母抚养，而陈某没有能力支付周小某的学费，作为父亲的周某，从事服装生意，完全有能力也有义务承担周小某的学费及生活费。即便周某再婚甚至是又生育子女，也不能免除此责任。因此，周小某可以向父亲主张必要的相关费用。如果周某拒绝，周小某可以以自己的名义向人民法院起诉。

法条依据

《中华人民共和国婚姻法》

第二十一条 父母对子女有抚养教育的义务；子女对父母有赡养扶助的义务。

父母不履行抚养义务时，未成年的或不能独立生活的子女，有要求父母付给抚养费的权利。

……

第三章 我和我的子女——与抚养、收养子女有关的法律知识

《最高人民法院关于人民法院审理离婚案件处理子女抚养问题的若干具体意见》

12. 尚未独立生活的成年子女有下列情形之一，父母又有给付能力的，仍应负担必要的抚育费：

（1）丧失劳动能力或虽未完全丧失劳动能力，但其收入不足以维持生活的；

（2）尚在校就读的；

（3）确无独立生活能力和条件的。

12. 祖父母对失去父母的孙子承担抚养义务吗？

情景再现

秦某和王某是大学同学，二人毕业后就结婚了，婚后生育了儿子秦小某。秦小某出生后，秦某和王某为了给儿子创造更好的生活环境，就双双辞职，成立了他们自己的设计工作室。经过几年的发展，秦某和王某的设计室已小有名气，业务不断，效益非常好。秦某和王某都是探险爱好者，在设计室稳定后，二人重拾自己的兴趣，参加了一个探险者团队，经常到全国各地进行野外生存及探险活动。秦某的父母和秦某他们居住在同一所城市，秦小某出生后就一直由爷爷奶奶抚养，五岁后回到秦某和王某的身边。当秦某和王某外出时，秦小某还是同爷爷奶奶生活。

秦小某十岁时，秦某和王某到某地区的原始森林进行探险，预计半个月就可以完成此次活动。但是一个月过去了，秦某和王某一直没有回来，打电话也总是关机。秦小某的爷爷奶奶非常担心儿子和儿媳的安危，但是又不知道该怎么办。此时秦小某的爷爷接到了派出所的电话，这才得知秦某和王某已经在探险活动中双双遇难了。秦某的去世使秦小某的爷爷奶奶悲痛万分，二老就只有秦某一个儿子，现在白发人送黑发人，秦小某的奶奶多次晕倒。秦小某面对父母的骨灰盒也是伤心欲绝，他再也见不到自己的父母了，从一

个有父母疼爱的孩子变成了一名孤儿。秦某和王某的葬礼结束后,秦小某的生活成了难题。秦小某的爷爷是退休高中老师,奶奶是某国企退休工人,二人都有一定的退休金。而秦小某的外公外婆早已过世。秦小某的亲人只有自己的爷爷奶奶了。那么,秦小某的爷爷奶奶有没有义务抚养秦小某呢?

律师指点

祖父母、外祖父母与孙子女和外孙子女是隔代的直系血亲关系,他们之间在具备法定条件的情况下,可以形成抚养和赡养关系。对此,我国《婚姻法》第二十八作出了明确规定,父母已经死亡或父母无力抚养子女时,祖父母、外祖父母如有负担能力,应履行抚养的义务。形成此种关系必须满足两个条件,其一为父母死亡或是无力抚养子女,其二是祖父母或外祖父母有负担能力。只有同时满足这两个条件才可以形成隔代的抚养关系。而且我国有着尊老爱幼的优良传统,如果祖孙之间完全基于亲情,在对方没有困难情况下仍愿承担一定的抚养或是赡养义务,这也是一种美德,也是血浓于水的亲情表现。

本案中,秦小某的父亲秦某和母亲王某探险遇难死亡,而秦小某的外祖父母也已过世,其身边只有祖父母。秦小某的爷爷奶奶一个是退休教师,一个是退休工人,二人都有退休金,也就是说二人是具有一定的负担能力的,而且秦小某的爷爷曾是高中老师,在教育孩子方面有足够的经验,能够非常好地承担起教育秦小某的责任。根据秦小某的情况,完全符合《婚姻法》第二十八条规定的条件,即父母均已离世,祖父母有负担能力,那么根据此规定,秦小某的爷爷奶奶应该承担起抚养秦小某的义务。

法条依据

《中华人民共和国婚姻法》

第二十八条 有负担能力的祖父母、外祖父母,对于父母已经死亡或父母无力抚养的未成年的孙子女、外孙子女,有抚养的义务。有负担能力的孙子女、外孙子女,对于子女已经死亡或子女无力赡养的祖父母、外祖父母,有赡养的义务。

13. 被收养的孩子，需要具备哪些条件？

情景再现

张静今年33岁，结婚8年了，却一直没有生育。刚开始的时候，张静觉得自己还年轻，也不想年纪轻轻就被孩子拴住腿脚，想多玩两年，张静的丈夫王铭也非常同意张静的想法。就这样，小两口过了几年甜蜜的二人世界生活。虽然年轻人不心急，但是张静和王铭的父母都经常催促二人赶快生孩子，称趁着自己年轻可以帮助他们带带孩子，他们也可以安心工作。每次两人都像原先商量好的那样说还年轻，玩两年再说。

结婚后的第五个年头，张静觉得女人应该三十岁之前生孩子，有利于身材恢复，所以就和王铭商量要孩子的事情。王铭一听说妻子想要孩子，举双手赞同，原来王铭的父母这一段时间催得非常紧，他自己都快顶不住了，但是又不想张静委屈自己被迫生孩子，就没有和她说。现在张静主动提出生孩子，王铭当然求之不得，就顺水推舟，积极配合张静备孕。

但是，在张静和王铭计划怀孕一年后，张静的肚子还是没有动静，两人只好去医院进行检查。医院检查结果显示张静患了不孕症，王铭安慰张静可以收养孩子。夫妻俩回到家里说明事情的来龙去脉，并且说服老人接受领养孩子的决定。但是老人却提出个疑问，那就是什么样的孩子才能被收养。张静和王铭只好到相关部门咨询关于收养孩子的规定，了解到只有不满14周岁的丧失父母的孤儿、查找不到生父母的弃婴和儿童生父母有特殊困难无力抚养的子女都可以被收养。而收养年满10周岁以上的未成年人的，应当征得被收养人的同意。了解了相关情况后，两人依据法律规定，就到福利机构收养了一个小女孩。

律师指点

根据我国《收养法》第四条的规定，不满14周岁的丧失父母的孤儿、查找不到生父母的弃婴和儿童生父母有特殊困难无力抚养的子女都可以被收养。我国对被收养人作如此规定也是有一定道理的，这样不仅有利于孩子的健康成长，还能加快孩子和养父母形成亲情关系的速度。

因为不满14周岁的丧失父母的孤儿，是限制民事行为能力，没有完全独立的生活能力，需要依附于有抚养能力的成年人，并且14周岁各方面都还未定性，有利于消除和养父母之间的生疏感。而查找不到亲生父母的弃婴弃童，这类被收养人，大多数是被亲生父母故意丢弃的，虽然亲生父母的行为是违法的，但是孩子是无辜的，应该得到更多人的关心和照顾，这类婴儿、儿童一般会被送到福利机构，但是此类机构能力有限，也代替不了家庭，所以我国鼓励有收养条件的人收养，且不受收养人有子女的限制。最后是生父母有特殊困难无力抚养子女的，这种情况一般是父母由于自身经济或身体等方面的因素，无法满足孩子的正常需求，而将孩子送养，交给有能力的人抚养也未尝不是一件好事。

本案中，张某夫妇收养的孩子应该具备上述的条件，才符合法律规定。应该注意的是，收养年满10周岁以上的未成年人的，应当征得被收养人的同意。另外，我国《收养法》第七条规定，收养三代以内同辈旁系血亲的子女，可以不受生父母有特殊困难无力抚养子女、被收养人不满十四周岁或无配偶男性收养女性婴、幼儿童年龄相差四十周岁的限制。

法条依据

《中华人民共和国收养法》

第四条 下列不满十四周岁的未成年人可以被收养：

（一）丧失父母的孤儿；

（二）查找不到生父母的弃婴和儿童；

（三）生父母有特殊困难无力抚养的子女。

第十一条 收养人收养与送养人送养，须双方自愿。收养年满十周岁以上未成年人的，应当征得被收养人的同意。

14. 收养人具备哪些条件才有收养孩子的资格?

情景再现

齐大胜一生最难忘的日子,是他进入大学的那一天,因为那天他的父母离婚了。其实,齐大胜父母的婚姻早就名存实亡了,要不是因为齐大胜,他们早就办理离婚手续了。原来他们为了让齐大胜安心学习,考取理想的大学,才商量着等儿子上了大学再离婚。父母离婚,齐大胜虽然表面上很平静,也没有像别的孩子那样大吵大闹或者叛逆,但是心里还是很受伤的,他觉得父母欺骗了自己,还时常感觉自己被抛弃了。

齐大胜大学毕业的时候,父母也都选择了再婚,组成了新的家庭。虽然父母都邀请齐大胜和他们一起生活,但是齐大胜觉得不管在哪里都不是自己的家,世界上再也没有属于自己的家了,他就选择前往北京闯荡。齐大胜一人身在异乡,时常感到孤单,特别是在过节的时候。一次偶然的机会,齐大胜到一家福利院做义工,他在那里感受到了前所未有的放松和快乐。从此以后,齐大胜只要有时间就会到福利院帮忙。

一天,福利院来了一个五岁的小男孩名叫乐乐。乐乐的父母因车祸双双身亡,也没有什么亲属能抚养他,他只好到了福利机构。齐大胜在知道乐乐的遭遇后,特别同情乐乐,就经常照顾他,慢慢地,齐大胜就产生了收养他的念头。齐大胜找到福利院院长提供了自己的相关资料,并提出想收养乐乐。院长在看了他的材料说:"齐先生您没有子女,经济状况也符合收养孩子的标准,并且也没有患有在医学上认为不应当收养子女的疾病,也年满30周岁,这些都符合法律规定的收养人条件。您可以收养乐乐。"齐大胜听了院长的话后,就到相关部门办理了收养手续,收养了乐乐。乐乐和齐大胜生活到一起后,重新感受到了家庭的温暖,笑容也爬上了乐乐年幼的脸庞。

律师指点

根据我国《收养法》第六条、第八条的规定，收养人应当同时具备下列条件：（1）收养人必须年满30周岁且无子女。（2）收养人必须有抚养教育被收养人的能力。（3）收养人必须未患有在医学上认为不应当收养子女的疾病。（4）有配偶者收养子女，必须夫妻共同收养。（5）收养人只能收养1名子女。首先，此处的"无子女"，是指收养人既没有亲生子女，也没有养子女和形成实际抚养关系的继子女，但应遵守计划生育政策即一对夫妻和一个孩子。而收养孤儿、残疾儿童或者社会福利机构抚养的查找不到生父母的弃婴和儿童，可以不受收养人无子女和收养一名的限制；其次，"有抚养教育被收养人的能力"和"年满30周岁"，是指收养人应当具有完全民事行为能力，在身体上、智力上、经济上、道德品质和教育子女等方面有能力抚养和教育被收养人，能够履行父母对子女应尽的义务；第三，关于"未患有在医学上认为不应当收养子女的疾病"，主要是指精神疾病和传染病，这是为了被收养人的健康考虑所作出的规定；最后，在我国如果收养人有配偶的，必须经夫妻双方同意，收养才能成立。如果允许夫妻单方收养，不仅对子女成长不利，也会影响夫妻和睦。我国法律不承认单方收养。

本案中，如果齐大胜具有抚养教育孩子的能力，且未患有医学上认为不应当收养子女的疾病，按规定其就可以收养一名符合条件的儿童作为自己的子女。但是根据我国《收养法》第九条的规定，齐大胜如果要收养女孩，则年龄必须与该女孩相差四十周岁以上。

法条依据

《中华人民共和国收养法》

第六条 收养人应当同时具备下列条件：

（一）无子女；

（二）有抚养教育被收养人的能力；

（三）未患有在医学上认为不应当收养子女的疾病；

第三章 我和我的子女——与抚养、收养子女有关的法律知识

（四）年满三十周岁。

第八条 收养人只能收养一名子女。

收养孤儿、残疾儿童或者社会福利机构抚养的查找不到生父母的弃婴和儿童，可以不受收养人无子女和收养一名的限制。

第九条 无配偶的男性收养女性的，收养人与被收养人的年龄应当相差四十周岁以上。

第十条第二款 有配偶者收养子女，须夫妻共同收养。

15. 未经妻子同意，擅自将女儿送给他人收养，可以要回吗？

情景再现

周萍出生在一个偏僻的小山村，她从小最大的梦想就是走出大山，去看看外面的世界，但是这个梦想在周萍初中毕业的时候被搁浅了。因为周萍的父亲有严重的重男轻女的思想，他认为女孩子上几天学，认几个字就可以了，学那么多也没有用，长大了还是要到别人家的，于是就没有继续供周萍上学。

周萍辍学在家后，就帮母亲照顾弟弟，有时候还下地干活，日子过得充实而忙碌。日复一日的单调生活，使周萍的心渐渐趋于平静，也放弃了到山外看一看的想法。时光飞逝，转眼间，周萍到了谈婚论嫁的年纪，父亲认为女孩子还是早早结婚好，于是就托妹妹给女儿介绍对象。周萍的姑妈把本村的马东介绍给了周萍，经过一段时间的接触，二人就在父母的操持下结了婚。

婚后不久，周萍就怀孕了，马东别提多高兴了，天天好吃好喝地伺候着，就盼着周萍能给自己生一个大胖小子，以满足父母想抱孙子的愿望。十月怀胎，孩子呱呱坠地，马东却高兴不起来，因为周萍生的是个女孩。马东迫于父母的压力，擅自决定将女儿送给他人收养。周萍知道后大哭大闹，马东安慰她："我们以后还会有孩子的，生个儿子，父母肯定高兴！"周萍不依，逼着马东说出孩子的收养人，并找到收养人要求要回孩子，但是马东死活不说孩子到底在哪里。直到公安局介入把孩子找回来，马东这才知道生父母送养

139

子女，须双方共同送养。即使孩子送养成功，按照法律规定也不得再生育子女。马东事后十分后悔，并且保证自己会好好对待周萍母女。

律师指点

送养人，是指依法将被收养人送养的人，即被收养人的生父母、监护人、社会福利机构等。根据我国《收养法》的规定，孤儿的监护人、社会福利机构、有特殊困难无力抚养子女的生父母可以作为送养人。由此可见，我国法律关于送养人的规定是十分严格的，必须是符合一定条件的人和机构才具有送养资格。

我国《收养法》第十条第一款明确规定："生父母送养子女，须双方共同送养。生父母一方不明或者查找不到的可以单方送养。"因为子女是父母共同的子女，父母对子女享有同等的权利，送养子女时，必须双方协商一致共同送养，不得单独送养子女，并且只有当生父母有特殊困难无力抚养孩子时才可以送养。否则，送养行为不发生法律效力。孩子被送养时，无论生父母之间是否是夫妻关系，都必须征得对方的同意。只要有一方不同意送养的，另一方就不能送养。但是，在生父母一方不明或者查找不到的情况下，允许单方送养。

据此，本案中马东瞒着周萍单独将女儿送与他人收养的行为是无效的。此外，根据我国《收养法》第十九条的规定，送养人不得以送养子女为理由违反计划生育的规定再生育子女。可见，即使马东送养成功，按照法律规定其也不得再生育子女。我国《收养法》第二条还规定："收养应当有利于被收养的未成年人的抚养、成长，保障被收养人和收养人的合法权益，遵循平等自愿的原则，并不得违背社会公德。"周萍是孩子的母亲，她并不愿意将女儿送给别人，马某擅自将孩子送养，违背了自愿原则。

法条依据

《中华人民共和国收养法》

第二条 收养应当有利于被收养的未成年人的抚养、成长，保障被收养

第三章 我和我的子女——与抚养、收养子女有关的法律知识

人和收养人的合法权益,遵循平等自愿的原则,并不得违背社会公德。

第五条 下列公民、组织可以作送养人:

(一)孤儿的监护人;

(二)社会福利机构;

(三)有特殊困难无力抚养子女的生父母。

第十条第一款 生父母送养子女,须双方共同送养。生父母一方不明或者查找不到的可以单方送养。

第十九条 送养人不得以送养子女为理由违反计划生育的规定再生育子女。

16. 当事人有要求保守收养秘密的权利吗?

情景再现

卢娟和朱明是大学同学,两人在学校的时候就确定了恋爱关系,当时在学校是有名的校园情侣。原因是两个人都是学校的风云人物,不仅外表亮眼,成绩各方面也很出众。大学毕业后,卢娟和朱明就结了婚,前往大城市发展。到了大城市,两个人觉得生活节奏快,生活压力大,决定做丁克夫妻。

后来,朱明和朋友合资创业开了一个公司,生意还不错,朱明就劝卢娟辞职,做一些自己喜欢的事情。卢娟觉得自己这么多年确实没有时间好好规划一下自己未来的路,听从丈夫的建议就辞职了。卢娟辞职后觉得生活空虚,就和朱明商量想要一个孩子。朱明就带着卢娟到医院检查,检查结果出来发现卢娟常年避孕,有时候还服用避孕药,已经不具备怀孕的条件,两人就商量着领养孩子。

朱明老家的表哥听说了朱明夫妻想收养孩子的决定,就主动找到朱明,称自己朋友雷鸣的小女儿愿意送给朱明抚养。原来雷鸣的身体有残疾,家里已经有一个孩子了,现在根本就没有能力再抚养一个孩子。卢娟和朱明依法办理了相关手续后,就收养了雷鸣未满1周岁的女儿,双方约定,在任何情

141

形下,雷鸣都不得向孩子泄露有关收养这件事。

孩子上中学后,雷鸣因机缘巧合又见到了孩子,忍不住向孩子透露了实情。孩子回家后追问朱明夫妇到底是怎么回事,并且连续数月情绪低落。后来孩子还私自离家去见亲生父母,回来后对养父母态度冷淡。朱明夫妇对雷鸣不遵守约定的行为很是愤怒,到法院起诉请求赔偿精神损害,要求雷鸣承担相应的责任。法院依据法律规定判决雷鸣赔偿朱明夫妇的精神损害。

律师指点

收养行为在一定程度上属于公民个人隐私的内容,为此我国《收养法》第二十二条专门作了有关保密的规定。收养人、送养人要求保守收养秘密的,其他人应当尊重其意愿,不得泄露。《最高人民法院关于确定民事侵权精神损害赔偿责任若干问题的解释》第二条规定:"非法使被监护人脱离监护,导致亲子关系或者近亲属间的亲属关系遭受严重损害,监护人向人民法院起诉请求赔偿精神损害的,人民法院应当依法予以受理。"据此,朱明夫妇可以依法提起对雷鸣违反保密约定、泄露其女被收养这一事实的侵权诉讼。

本案中,朱明夫妇在收养孩子时已经明确声明,在任何情形下,都不希望孩子知道自己被收养的事情,而雷鸣也保证不泄露秘密。可雷鸣不遵守当年约定的行为,给朱明夫妇造成很大伤害。为此,根据我国法律相关规定,雷鸣的行为已经触犯法律,法院应该支持朱明夫妇提出对雷鸣违反保密约定泄露其女被收养的诉讼请求。

此外,法律虽然规定"收养秘密"的内容,但没有明确收养秘密的定义和范围。在实践中,一般认为是比较隐私的,是指收养当时的信息和收养的事实。而收养人信息包括被收养人和收养人的背景,送养人信息等。保守收养秘密可以避免收养人和被收养人产生心理隔阂,有利于提高收养关系的稳定性,还可以为被收养人营造健康良好的成长环境。其他国家对此也有类似规定,例如,美国纽约州《家庭关系法》也有不得泄露收养的秘密的规定。

第三章 我和我的子女——与抚养、收养子女有关的法律知识

法条依据

《中华人民共和国收养法》

第二十二条 收养人、送养人要求保守收养秘密的，其他人应当尊重其意愿，不得泄露。

《最高人民法院关于确定民事侵权精神损害赔偿责任若干问题的解释》

第二条 非法使被监护人脱离监护，导致亲子关系或者近亲属间的亲属关系遭受严重损害，监护人向人民法院起诉请求赔偿精神损害的，人民法院应当依法予以受理。

17. 抚养亲友子女的行为是收养行为吗？

情景再现

王斌和刘军是大学同学，住同一个宿舍睡上下铺。两人因为是老乡，再加上做人处事和行事风格相近，就成了无话不说的好朋友。大学毕业后，因为就业两个人只能各奔东西，王斌选择了回家乡发展，而刘军选择了前往大城市闯荡。好兄弟虽然天各一方，但是这并没有影响两个人的情谊，两人时常打电话天南海北地谈天说地。逢年过节，只要刘军回到家乡，王斌无论多忙都会抽出时间和刘军聚会。

刘军在外闯荡多年，手里有了一些积蓄，就决定自主创业。创业说起来容易干起来难，刘军经过好几年没日没夜的努力，终于使公司的运营步入了正轨。公司正常经营后，刘军感念妻子多年来的支持，自己这几年为了事业，都没有好好陪妻子去旅游，就利用空闲时间带着妻子去了外地旅游。但是，天有不测风云，刘军一家三口在回来的路上，遇上了大雾天气，被迎面而来的大货车撞上了。刘军驾驶的小轿车被大货车压在了车底，夫妻二人当场死亡，只有儿子刘小军由于在紧急关头被母亲紧紧抱在怀里才幸免于难。

王斌在听到多年好友出了车祸的消息后，马不停蹄地赶来为刘军送别。

刘军夫妇的葬礼结束后,一个很棘手的问题摆在了亲朋好友的面前。那就是刘小军由谁抚养?王斌觉得自己有义务照顾好友的唯一血脉,就把刘小军接到家中同住,代为照顾刘军儿子的生活起居。就这样,刘小军就在王斌的家中住了下来,刘小军在新家又得到了很好的照顾,渐渐抚平了他丧失双亲的痛苦。但是王斌对于和刘小军的关系到底是不是收养关系不太明白,找到相关部门咨询才知道抚养亲戚朋友的孩子不属于收养行为,因为他抚养刘小军的行为不以建立父母子女关系为目的,只是自愿对好友的孩子进行抚养,他们之间的关系不适用收养关系。

律师指点

抚养,是指对未成年人有抚养义务的亲属或其他人对未成年人承担供养、保护和教育的责任。收养与抚养是不同的法律行为和法律关系。抚养关系有的是自愿的,比如本案中未成年人父亲的朋友自愿抚养;有的是依法建立的权利义务关系,比如法律规定,未成年人的父母过世后,可以由有能力的(外)祖父母抚养。抚养关系对双方的权利义务关系不会产生变化,也就是说双方之间不会因抚养改变原来的人身关系,没有父母子女之间的权利义务。由于这种抚养不是以建立父母子女关系为目的,因此抚养人与被抚养人的关系不适用收养关系。

抚养未成年人可以发生在父母子女之间,也可以发生在被抚养人和父母之外的其他人之间,比如其他亲属、朋友和未成年人之间,这些人可以对未成年人进行供养和教育,但是和生父母之间的亲子关系并不解除。根据我国《收养法》第十七条的规定,孤儿或者生父母无力抚养的子女,可以由生父母的亲属、朋友抚养。抚养人与被抚养人的关系不适用收养关系。本案中,王斌基于和刘军的私人关系自愿抚养刘军的儿子,但是并没有以建立父母子女关系为目的的供养关系,双方也不产生父母子女间的权利与义务。刘军和儿子的亲子关系依然存在,不因王斌的抚养而解除,所以王斌与刘军的儿子之间没有形成收养关系。

法条依据

《中华人民共和国收养法》

第十七条 孤儿或者生父母无力抚养的子女,可以由生父母的亲属、朋友抚养。

抚养人与被抚养人的关系不适用收养关系。

18. 孩子被养父母收养后,他和亲生父母还有关系吗?

情景再现

小明家境贫寒,父母都是残疾人。小明的父亲有小儿麻痹后遗症,行动不便,母亲患有先天性听力障碍。家中有两亩薄田,粮食产量并不高。小明一家主要是靠父亲修表赚一点钱来维持家用。小明6岁那年父亲因病去世,母亲不能够独自抚养小明。跟小明同村的一对姓李的夫妇,人过中年尚无子嗣,因看小明家中困难,小明又乖巧懂事,决定收养小明。经双方商议后,小明的母亲答应了这对夫妇的请求,并依法办理了收养手续。

三年后,小明的亲生母亲病重,小明的舅舅为了给小明的母亲治病,借了很多钱,但最后也没能留住这个苦命的女人,小明的母亲最终撒手人寰。

光阴荏苒,转眼小明已经20岁,参加了工作。一天,小明的舅舅找到小明,让小明承担其生母病重时的医药费。小明的舅舅说:"好歹你爸妈生了你,还把你养到六七岁,他们也不容易,你也该对他们尽点孝道,你母亲生前的医药费到现在我都没有还清,你是不是也该替我分担些啊?"小明想起自己的生父母,觉得舅舅说的在理,当初家里那么困难,父母却从未让自己受什么委屈,即便自己被收养后母亲也常常去看望自己。于是,小明东拼西凑借了一万元钱给了自己的舅舅。不久后,小明的舅舅又找上了门,还拿了一个账本,上面记着小明母亲生前种种由其负担的开销,舅舅的意思是自己现在生活困难,让小明归还其母亲生前的各种费用。小明一听就急了,这不是讹钱吗？怎么能这样呢？小明坚决地对舅舅说："这些费用我不管，当年我还小，不知道这些到底是真的还是假的，再说我妈妈是你姐姐，难道你就不应该管她吗？"小明的舅舅见小明不给钱，便威胁他说不掏钱就把他告上法庭！

律师指点

我们暂且不讨论小明舅舅账本的真实性，姑且认为账目都是真实的。那么，小明应不应该归还母亲生前由其舅舅负担的各种费用呢？

根据我国《收养法》的相关规定，"收养应当有利于被收养的未成年人的抚养、成长，保障被收养人和收养人的合法权益，遵循平等自愿的原则，并不得违背社会公德。""收养应当向县级以上人民政府民政部门登记。收养关系自登记之日起成立。"小明六岁时被同村的姓李的夫妇收养，收养时小明的母亲同意并且与收养小明的夫妇依法办理了相关的手续。所以，小明与其养父母之间的被收养与收养关系是合法的。

又根据我国《收养法》第二十三条的规定，收养关系自成立之日起，养子女与生父母及其他近亲属间的权利义务关系，因收养关系的成立而消除。既然小明与养父母的关系是合法的，依规定，小明与自己的亲生母亲和舅舅之间的权利义务关系就不存在了，所以小明也就不再对自己的亲生父母具有赡养义务了。因而小明不应该向其舅舅归还其生母生前的各种费用。小明给自己舅舅的一万元钱属于自愿行为，不受法律的约束。

法条依据

《中华人民共和国收养法》

第二十三条 自收养关系成立之日起，养父母与养子女间的权利义务关系，适用法律关于父母子女关系的规定；养子女与养父母的近亲属间的权利义务关系，适用法律关于子女与父母的近亲属关系的规定。

养子女与生父母及其他近亲属间的权利义务关系，因收养关系的成立而消除。

19. 养父母养子女解除了收养关系，养子女与亲生父母之间会自动恢复父母与子女关系吗？

情景再现

李丽家中困难，李丽的父母因不能够很好地照顾她，在李丽12岁时父母便将她送给邻村一对姓王的夫妇收养。王先生有一个儿子叫王继祖，大李丽两岁。在王先生和他的妻子决定收养李丽的时候，王继祖就十分不愿意。王继祖觉得原本属于他一个人的父爱母爱现在要分给另一个人，还有平时他喜欢的东西都要被分成两份，主要是这个人还跟自己没有任何血缘关系，王继祖的心里很不平衡。李丽搬到王先生家后，王继祖就经常找各种借口欺负李丽，有时甚至拳脚相加。

王先生无奈，在李丽13岁该上初中的时候给李丽找了一所离家远需要住校的学校，家中一度表面上恢复了平静。但李丽的心里并没有平静，她知道，自己和别人不一样，别人有自己的亲生父母，而自己却是被自己的亲生父母"赶"了出来。在养父母家里，她只是一个"外人"，她处处要忍让，处处要小心，受了委屈也无处倾诉……李丽把所有的心酸都化成了努力学习的力量，凭着优异的成绩，李丽成功地考入了当地一所有名的大学。但是学费却成了问题，李丽大学四年最少需要五万元钱，而这时继祖正在谈恋爱准备结婚。继祖想让父母出钱给自己买房，他又怎么能够忍受父母在这个时候把钱给李丽呢？继祖威胁父母，有李丽在他就走，离开这个家。王先生见继祖如此坚决也没有什么好办法，只能和李丽商议解除收养关系。

李丽的生父母知道了这个消息，找到李丽，想让李丽搬回去和他们同住，说这几年家里条件好些了，他们愿意供李丽上大学。但是李丽一口回绝了，在她的心里，这个亲生父母早已经不亲了。李丽有没有权利做出这个决定呢？养子女与养父母的收养关系解除后，养子女与亲生父母的父母子女关系会自动恢复吗？

147

律师指点

首先，李丽的生父母知道王先生和李丽商议解除收养关系这件事后便找到了李丽，想和李丽恢复父母子女关系。但此时，李丽并没有和王先生一家真正解除收养关系。根据我国《收养法》第二十八条的规定，当事人协议解除收养关系的，应当到民政部门办理解除收养关系的登记。

其次，我国《收养法》第二十九条规定："收养关系解除后，养子女与养父母及其他近亲属间的权利义务关系即行消除，与生父母及其他近亲属间的权利义务关系自行恢复，但成年养子女与生父母及其他近亲属间的权利义务关系是否恢复，可以协商确定。"该条款主要是为了保护未成年人的合法权益不因收养关系的解除而受到侵害，但成年养子女与生父母之间的关系是否恢复，可以由当事人协商确定。李丽在和养父母商议解除收养关系时，虽然她还不能够独立生活，但是她已经是一个成年人，她有权利决定自己是否要恢复自己和亲生父母之间的父母子女关系。

法条依据

《中华人民共和国收养法》

第二十八条 当事人协议解除收养关系的，应当到民政部门办理解除收养关系的登记。

第二十九条 收养关系解除后，养子女与养父母及其他近亲属间的权利义务关系即行消除，与生父母及其他近亲属间的权利义务关系自行恢复，但成年养子女与生父母及其他近亲属间的权利义务关系是否恢复，可以协商确定。

20. 养子女遭到养父母的虐待，收养关系可以解除吗？

情景再现

王小路是个孤儿，自小在福利院长大，直到10岁时被刘女士收养。收养

第三章 我和我的子女——与抚养、收养子女有关的法律知识

小路那年刘女士40岁，患有不育症，自从和丈夫离婚后就一直没有再婚。刘女士觉得，有个孩子到老了才能有个依靠，所以就收养了王小路。办理完收养关系后，小路便搬到了刘女士家中居住。起初两人相处还算融洽，刘女士很迁就小路，凡事都顺着他，小路来到一个陌生的地方也不敢太淘气。

但是日子久了，刘女士也就不像一开始那么有耐心了，小路也越发地淘气。刘女士自从离婚后心里面总有阴影，总是有一个大疙瘩。别人能生，自己不能生这件事让刘女士觉得自己总比别人矮一截。而且时常有人向刘女士提起小路时也只是说"你收养的那个孩子怎么样？""你领养的那个孩子听话吗？""不是亲生的，贴心吗？"刘女士听了总觉得心里别扭。再加上小路活泼好动，有时候调皮起来常常打翻东西，弄乱屋子。刘女士从未养过孩子，她忍受不了孩子如此的"折腾"，再加上自己心情不好就时常打骂小路。严重时，小路甚至被打得浑身青一块紫一块的。

一天，刘女士又打了小路，这次打得很重，小路的身上被抽出了好多条血印子，肿得老高。小路十分害怕，就趁着刘女士不注意的时候偷偷跑回了福利院，福利院院长很同情小路。在院长的帮助下，福利院向当地人民法院提起了诉讼，请求解除小路与刘女士的收养关系。法院经调查后，认为刘女士不再适合抚养小路，判处解除小路和刘女士的收养关系，小路又重新回到了福利院。

律师指点

小路是一个孤儿，刘女士收养小路符合法律的规定。我国《收养法》第二条规定："收养应当有利于被收养的未成年人的抚养、成长，保障被收养人和收养人的合法权益，遵循平等自愿的原则，并不得违背社会公德。"由此可见，法律对收养关系的承认，是为了给予被收养人良好的成长环境，创造对被收养人更有利的生活条件。刘女士经常打骂小路，并不能给小路一个良好的生活环境，这就违背了收养的根本目的。

此外，我国《收养法》第二十六条对收养关系的解除作出了如下规定："收养人在被收养人成年以前，不得解除收养关系，但收养人、送养人双方协议

解除的除外，养子女年满十周岁以上的，应当征得本人同意。收养人不履行抚养义务，有虐待、遗弃等侵害未成年养子女合法权益行为的，送养人有权要求解除养父母与养子女间的收养关系。送养人、收养人不能达成解除收养关系协议的，可以向人民法院起诉。"同时该法第二十七条规定："养父母与成年养子女关系恶化、无法共同生活的，可以协议解除收养关系。不能达成协议的，可以向人民法院起诉。"本案例中，刘女士经常打骂小路，已经对小路的身体和心灵造成了很大的伤害，双方关系恶化，已经不能再继续一起生活了。这种情况符合法律规定的解除收养关系的条件，因而法院判处解除收养关系的做法是正确的。

法条依据

《中华人民共和国收养法》

第二十六条第二款 收养人不履行抚养义务，有虐待、遗弃等侵害未成年养子女合法权益行为的，送养人有权要求解除养父母与养子女间的收养关系。送养人、收养人不能达成解除收养关系协议的，可以向人民法院起诉。

第二十七条 养父母与成年养子女关系恶化、无法共同生活的，可以协议解除收养关系。不能达成协议的，可以向人民法院起诉。

第四章

我和我的父母
——与赡养老人有关的法律知识

1. "常回家看看"写进法律规定了?

情景再现

李爷爷与张奶奶年轻时同是下乡知青,在艰苦的生活中建立了深厚的感情,二人在返城后不久就结婚了,婚后生育了长子李某,次子李二某。二十几年过去了,李爷爷的两个儿子都已长大成人。李某大学毕业后到上海工作,李二某毕业后回到李爷爷所在的城市,但是也在结婚后离家另过,家里只剩下李爷爷、张奶奶二人。

李某在上海工作生活,一年只能回家探望李爷爷、张奶奶一两次。李二某虽然与李爷爷同在一个城市,但是距离也比较远,加上李二某工作也很忙,一个月也只是回家探望二老一次。李爷爷、张奶奶平时都到小区里的公园里遛弯、跳舞打发时间,除此之外也无事可做,二老总感觉自己的生活中缺乏亲情和温暖。李二某结婚一年后生了儿子李小宝,但其与妻子都有工作,没有时间照顾李小宝,就同李爷爷商量将李小宝交给李爷爷二老照顾。李爷爷和张奶奶非常愿意照顾李小宝,于是在李小宝六个月时就将他接回了自己的家。李爷爷、张奶奶每天照顾小孙子非常辛苦,但是也非常开心,不再觉得孤单无聊了。二老陪伴着小孙子蹒跚学步、牙牙学语,他们已经习惯了与小孙子在一起的生活。一转眼李小宝三周半了,到了上幼儿园的年龄,李二某跟李爷爷商量着将李小宝接回去,李爷爷和张奶奶非常舍不得跟小孙子分开,但为了孩子的成长,二老只能看着小孙子被李二某接走。

李小宝被接走后,李爷爷、张奶奶又回到过去那种只有两个人的孤单生活。几年过去了,李爷爷、张奶奶身体大不如前,非常希望儿子们经常回来看看自己。但是李某远在上海,李二某又总是推说工作忙,因此二老一年也见不到儿子几次,节假日时也总是二老孤孤单单过节,看到邻居过节时儿孙环绕膝前，笑声不断，二老就非常羡慕。二老在楼下遛弯时听别的老人说国家已经将"常回家看看"写进法律了，二老觉得这能是真的吗？真的能够通过法律让儿子经常回家探望自己吗？

律师指点

随着物质生活水平的不断提升，一些有能力自养的老年人对儿女的赡养需求也在不断发生变化。伴随着社会老龄化程度的加深，家中儿女离家后家中就只剩下老人独自居住，这样的"空巢老人"越来越多，他们身体机能衰退、个人价值丧失，没有子女陪伴，让这些空巢老人感到失落孤独。老年人也是有精神需求的，他们更需要子女的精神慰藉，这也揭示出赡养方式的新变化。因此，子女常回家看看，给予老年人精神关怀是作为子女应尽的义务，这是全社会的共识。《老年人权益保障法》第十八条明确规定："家庭成员应当关心老年人的精神需求，不得忽视、冷落老年人。与老年人分开居住的家庭成员，应当经常看望或者问候老年人。用人单位应当按照国家有关规定保障赡养人探亲休假的权利。"由此可见，常回家看看，不再停留在道德要求的层面，它已经是法律的要求。

作为子女，"常回家看看"不仅是对孝敬父母传统道德的传承，更是履行法律规定的义务。老人对经常不回家探望自己的子女，经多次催促后仍不回家探望的，那就要拿起法律武器，凭借此法条规定去维护自己的法律权益。本案中，李爷爷和张奶奶就可以根据《老年人权益保障法》的规定向人民法院起诉，要求儿子经常回家探望。

法条依据

《中华人民共和国老年人权益保障法》

第十八条 家庭成员应当关心老年人的精神需求，不得忽视、冷落老年人。

与老年人分开居住的家庭成员，应当经常看望或者问候老年人。

用人单位应当按照国家有关规定保障赡养人探亲休假的权利。

2. 母亲瘫痪在床，儿子不照顾且不给看病违法吗？

情景再现

　　吴奶奶的丈夫很早就去世了，那时她的儿子邢某才三岁，吴奶奶一个人又要上班又要照顾孩子，非常辛苦。邢某到外省A市上大学后，吴奶奶更是拼命工作为儿子挣学费。邢某大学毕业后留在了A市，在当地一家外企工作。吴奶奶本想到A市跟儿子一起生活，但是儿子没有自己的住房，一直在外租房住，吴奶奶就想多工作几年，为儿子攒点钱买房。五年后，邢某在A市选中了一套两居室的商品房，用自己和母亲的积蓄缴纳了首付，办了贷款，准备自己偿还房贷。吴奶奶想儿子买了房子了，还是两居室，自己可以和儿子一起住了，于是就向邢某提出要到他居住的城市生活。邢某却表示自己的工资还要还贷款，剩下的只够自己一个人的花费，母亲去了也是受苦，不如等自己生活条件好了，再接母亲过去。吴奶奶觉得儿子说得有理，自己在这边还可以工作，挣的钱可以帮助儿子还贷。

　　两年后，邢某带着自己的女朋友回来探望吴奶奶并与她商量二人的婚事，吴奶奶非常高兴，终于盼到儿子结婚了。邢某结婚后与妻子一同在A市生活，很少回家探望吴奶奶。吴奶奶因年轻时吃苦受累，现在身体状况一直不好，她希望能到儿子的身边生活。但是邢某一直未说要接吴奶奶到A市生活，就是邢某的女儿出生，也未接吴奶奶到A市。吴奶奶想着儿子和未曾见面的小孙女，经常以泪洗面。为此，吴奶奶的精神状况一直都不好，加之身体本来就虚弱多病，身体状况每况愈下。半年后，吴奶奶在家晕倒，被前来串门的邻居发现送到医院，医生诊断吴奶奶是中风导致的半身瘫痪。邢某得到医生通知后赶到医院，在得知吴奶奶的病情后，留下住院费就离开了医院。了解到吴奶奶在医院无人照顾，吴奶奶所在的居委会组织本小区居民轮流义务照顾吴奶奶，直到吴奶奶出院。吴奶奶回家后，生活不能自理，需要很长时间的休养，就给邢某打电话，邢某表示自己没有时间照顾她，也没那么多钱给她看病，每个月只能给吴奶奶打五百元钱。吴奶奶躺在家中无人照顾，儿子给的五百元钱仅仅够生活费，根本没钱继续治病和找人看护，吴奶奶只能默默地躺在床上流泪。吴奶奶想自己为儿子付出了一生，怎么自己卧床了儿子就不管了呢？

律师指点

父母为子女操劳一生，为了养育儿女辛苦劳作，当他们步入老年时，理应受到儿女的孝敬和照顾，尤其是当父母生病卧床不起时，照顾父母更是应尽的义务。这不仅是中华民族尊老、敬老的传统，也是当前和谐社会大力提倡的道德风尚，更是法律规定的义务。我国《老年人权益保障法》第十五条对照顾生病的父母作出了明确的规定，即赡养人应当使患病的老年人及时得到治疗和护理；对经济困难的老年人，应当提供医疗费用。对生活不能自理的老年人，赡养人应当承担照料责任；不能亲自照料的，可以按照老年人的意愿委托他人或者养老机构等照料。

本案中的吴奶奶身患疾病，生活不能自理，需要人照顾日常起居。而吴奶奶的儿子邢某在吴奶奶住院期间既不陪护也不找人看护，交了住院费就离开医院，将重病的吴奶奶扔在医院不管不顾，在吴奶奶回家休养期间，既不在身边照顾，也不支付医疗费用，仅给吴奶奶每个月五百元生活费，根本不够吴奶奶治病及日常生活的开销。邢某的这种行为已经违反我国《老年人权益保障法》第十五条的规定，吴奶奶可以拿起法律的武器维护自身权益，向法院起诉要求邢某支付赡养费、医疗费。如果邢某的表现足够恶劣的话，还可能构成遗弃罪。

法条依据

《中华人民共和国老年人权益保障法》

第十五条 赡养人应当使患病的老年人及时得到治疗和护理；对经济困难的老年人，应当提供医疗费用。

对生活不能自理的老年人，赡养人应当承担照料责任；不能亲自照料的，可以按照老年人的意愿委托他人或者养老机构等照料。

第七十五条 干涉老年人婚姻自由，对老年人负有赡养义务、扶养义务而拒绝赡养、扶养，虐待老年人或者对老年人实施家庭暴力的，由有关单位给予批评教育；构成违反治安管理行为的，依法给予治安管理处罚；构成犯罪的，依法追究刑事责任。

3. 老年人能有监护人吗？可以找谁作为监护人？

情景再现

李先生和陈女士婚后育有一子李甲和一女李乙。因为李先生的母亲重男轻女，因此李甲各方面的待遇都要比李乙好。李先生和陈女士想家里就这一个儿子，俗话说养儿防老，女儿迟早都要嫁出去的，因此，李先生对于母亲的行为是睁一只眼闭一只眼。李甲、李乙长大成人后都组建了自己的家庭，李甲婚后没多久就要离家另过，李先生只好拿出自己一半的积蓄给李甲买了一套商品房。而李乙的婆家和李先生同住一个小区，李乙和丈夫为了能更好照顾父母和公婆，就在该小区买了一套旧房子作为婚房。李乙平时没事就会回家照顾父母，帮着父母打扫卫生，洗洗衣服。李先生夫妻二人对于李乙的悉心照顾感到非常欣慰，女儿从小受了很多苦，但是从来没有埋怨过他们，反而对父母非常孝顺，李先生常常感叹没想到老了竟然享了闺女的福。而李甲刚结婚时还每月都回来看望他们，但是慢慢地就从一个月探望一次改为只是过年过节才到父母家探望。李先生夫妻二人看到儿子与自己越来越疏远，儿子不仅不探望自己，就是自己给他打电话他都以工作忙或是其他的借口挂断电话。李先生夫妻每每谈论到儿子都会非常伤心，李甲从小吃好的用好的，他们还给他买了房子，没想到儿子竟然对自己不管不顾。

几年后，李先生患了老年痴呆，随着病情的加重，陈女士已经无力独自照顾李先生了，而李甲从李先生生病后就很少探望他们，现在根本就不管李先生二老。李乙也要上班，因此不能每天在家照顾父母，无奈之下，陈女士和李乙商量要到养老院去住，养老院的费用从二人的退休金中支付。李乙只好将父母送到了条件较好的养老院，并经常到养老院探望，节假日就将父母接回家中照顾。而李甲自从父母住进养老院就只探望过一次，还跟陈女士商量由他保管父母的退休金，陈女士没有同意，李甲在养老院大闹一场离去。陈女士经常为儿子的事情苦恼，害怕在自己年迈糊涂的时候儿子拿走自己的积蓄，再扔下自己不管。但陈女士隔壁的邻居告诉陈女士，她可以选定一个自己信任的人作为她的监护人，在她年迈后照料她。陈女士想女儿李乙对父母非常孝顺，想让女儿做自己和老伴的监护人，不知道行不行呢？

律师指点

为了保障无民事行为能力和限制民事行为能力人的人身和财产权益，我国设置了监护人制度。监护既是一种权利，也是一种义务。权利就是指监护人积极、主动地行使职责，才能达到监护的目的。义务是指对被监护人监督、保护是一种法律责任。监护人主要职责就是保护被监护人的人身、财产及其他合法权益，除为被监护人的利益外，不得处理被监护人的财产。老年人是特殊保护群体，为了能够更好地维护老年人的合法权益，我国《老年人权益保障法》第二十六条规定："具备完全民事行为能力的老年人，可以在近亲属或者其他与自己关系密切、愿意承担监护责任的个人、组织中协商确定自己的监护人。监护人在老年人丧失或者部分丧失民事行为能力时，依法承担监护责任。老年人未事先确定监护人的，其丧失或者部分丧失民事行为能力时，依照有关法律的规定确定监护人。"

本案中，李先生和陈女士有一子一女，女儿李乙是李先生、陈女士的直系亲属，且一直关心、照顾、孝敬父母，陈女士可以在征得李乙同意后让其作为自己和李先生的监护人，那么在陈女士丧失民事行为能力后，就可以让李乙代为打理存款及房产，保障自己的人身等其他合法权益。

法条依据

《中华人民共和国老年人权益保障法》

第二十六条 具备完全民事行为能力的老年人，可以在近亲属或者其他与自己关系密切、愿意承担监护责任的个人、组织中协商确定自己的监护人。监护人在老年人丧失或者部分丧失民事行为能力时，依法承担监护责任。

老年人未事先确定监护人的，其丧失或者部分丧失民事行为能力时，依照有关法律的规定确定监护人。

4. 儿子为结婚用房将母亲赶出家门的行为违反法律吗？

情景再现

姜某与丈夫周某婚后育有一子周小某，一家三口其乐融融，很是幸福。周小某十五岁时，周某突发疾病去世，家中只剩姜某和儿子周小某二人相依为命。姜某为了抚养周小某辛苦工作，很多人都劝姜某再婚，这样可以减轻自己的负担。但是周小某非常排斥母亲再嫁，姜某为了儿子就断了再婚的念头，自己一个人再苦也要将儿子养大成人。

一转眼，周小某大学毕业了。他毕业后回到母亲身边，在一家企业找到了一份设计员的工作。姜某看到儿子大学毕业了，也找到了工作，就开始着急周小某结婚的事，催促周小某赶紧找女朋友。周小某一开始并不着急，想到自己刚毕业，怎么也得工作几年，谁知一拖就是好几年。眼看着周小某都已经30岁了还没结婚，姜某看在眼里急在心上，不断安排周小某相亲。但是周小某没房没车，一直没有找到合适的女朋友。为了能够让周小某达到有房的条件，姜某将自己与丈夫的房屋过户给了周小某。没过多久，周小某认识了比自己小三岁的丁某，周小某对丁某非常满意，相处半年后就向丁某提出结婚，丁某表示必须单独居住，不能和老人同住。周小某无奈之下和姜某商量，希望姜某搬出现在的房子，将此房作为婚房。姜某想自己要是搬出去只能租房子，但是自己没有退休金，哪有钱付每月的房租啊。周小某经过多次与姜某协商，都没能达成一致意见。眼看着婚期将近，周小某直接将姜某的东西搬出了房屋，放到了楼下不足八平方米的小库房。姜某身上也没有足够的钱

159

租房子，只能到楼下小库房居住。周小某自从将姜某赶出家门就再也没有看望过姜某。姜某一想到儿子周小某就伤心落泪，自己为了儿子辛苦了一辈子，没想到老了竟然被儿子赶出了家门。那么，儿子为结婚用房将母亲赶出家门的行为违反法律吗？

律师指点

父母对子女有抚养的义务，子女对父母有赡养的义务。赡养老人，让老人安度晚年，不仅仅是一种道德层面的义务，更是一种法律规定的强制性义务。子女对父母的赡养包括为父母提供必要的物质生活条件和精神生活条件。物质条件就是在物质和经济上为父母提供必要的生活条件，主要体现在"衣食住行"几个方面。对于老人的住房方面，我国《老年人权益保障法》第十六条就明确规定，赡养人应当妥善安排老年人的住房，不得强迫老年人居住或者迁居条件低劣的房屋。

本案中，姜某为了让儿子能找到结婚的对象，将房屋过户给了周小某。周小某为了能和丁某结婚，满足丁某的要求，在没有给母亲租房、也没有给母亲安排合适的住处的情况下，就直接将母亲赶出房屋，眼看着母亲在狭窄的小库房中居住仍对其不管不顾，这不仅是违反了道德，更是触犯了我国《老年人权益保障法》第十六条的规定，其恶劣的行为应受到法律的制裁。姜某可以要求有关部门，如周小某所在单位或居民委员会进行调解，也可以直接向人民法院提起诉讼，要求周小某尽赡养义务，支付租房费或是提供可供居住的房屋。

法条依据

《中华人民共和国老年人权益保障法》

第十六条 赡养人应当妥善安排老年人的住房，不得强迫老年人居住或者迁居条件低劣的房屋。

老年人自有的或者承租的住房，子女或者其他亲属不得侵占，不得擅自改变产权关系或者租赁关系。

老年人自有的住房，赡养人有维修的义务。

第七十六条 家庭成员盗窃、诈骗、抢夺、侵占、勒索、故意损毁老年人财物，构成违反治安管理行为的，依法给予治安管理处罚；构成犯罪的，依法追究刑事责任。

5.儿女能因母亲年老就不让她继承遗产吗？

情景再现

英某经人介绍认识了邻村的钱某，二人相识一年后结婚，婚后生育了二子一女，长子英甲、次子英乙、长女英丙。为了养家糊口，英某借钱购买了拖拉机跑运输，没想到几年之间就攒钱盖了宽敞的新房，后来英某又将拖拉机换成汽车，办理了相关手续，跑起了长途运输。英某在两个儿子结婚时都给他们盖了新房另住，女儿英丙结婚后也离开了家，英某家中只有自己和妻子钱某居住。英某年龄越来越大，就将跑运输的工作交给了长子，自己与妻子在家中开了一个小超市。

英某和钱某身体康健，一直独立经营小超市，直到二人六十五岁后才将超市给英乙经营。英某和钱某到七十多岁都是二人相互照顾扶持、独自生活，从没让儿子、女儿操过心。英某在七十九岁时突发疾病去世，钱某也因精神受到打击，身体状况也大不如前。钱某在英某去世后就一个人居住，英甲、英乙的妻子每天轮流去给钱某送饭，洗衣服。但是，钱某已经是近八十岁的老太太了，还是一个人居住，英甲三兄妹害怕母亲发生意外，就商量让母亲轮流到英甲、英乙家居住，由两兄弟轮流照顾母亲。半年后，英甲看到母亲的房屋长期空置也不是办法，而且对于超市到底归谁也应该商量一下，于是将英乙和英丙叫来商量父亲的遗产问题。经过商量，英甲三兄妹认为母亲钱某年纪已经大了，东西迟早得分，于是直接将父亲的财产进行了分割，没有给钱某任何份额。那么，儿女能因母亲年老就不让她继承遗产吗？

161

律师指点

根据我国《继承法》第十条的规定，遗产的第一顺序继承人是配偶、子女和父母，这些人在被继承人死后均有权利继承财产。遗产继承人都平等地享有继承被继承人财产的权利。此外，我国《老年人权益保障法》第二十二条第二款规定："老年人有依法继承父母、配偶、子女或者其他亲属遗产的权利，有接受赠与的权利。子女或者其他亲属不得侵占、抢夺、转移、隐匿或者损毁应当由老年人继承或者接受赠与的财产。"此项规定更是对老年人的遗产继承权作出了强调，是对老年人继承权的肯定，不论老年人是否具有民事行为能力，均应享有继承权。

本案中，按照法律规定，钱某是符合法律规定的第一顺序的继承人，其有权继承老伴英某留下的财产。英某和钱某居住的房屋是夫妻共有财产，其中一半的份额是钱某的，另一半的份额为英某的遗产份额。英甲三兄妹在没有经过钱某同意的情况下，没有给母亲钱某留有作为配偶应得的份额，直接将英某的遗产进行了分割，这显然是侵犯了钱某的权利。这是违反我国法律规定的，是为法律所不容许的。钱某有权利主张继承英某留下的遗产。

法条依据

《中华人民共和国继承法》

第十条 遗产按照下列顺序继承：

第一顺序：配偶、子女、父母。

第二顺序：兄弟姐妹、祖父母、外祖父母。

继承开始后，由第一顺序继承人继承，第二顺序继承人不继承。没有第一顺序继承人继承的，由第二顺序继承人继承。

……

《中华人民共和国老年人权益保障法》

第二十二条第二款 老年人有依法继承父母、配偶、子女或者其他亲属遗产的权利，有接受赠与的权利。子女或者其他亲属不得侵占、抢夺、转移、隐匿或者损毁应当由老年人继承或者接受赠与的财产。

6. 未经父母同意，两个儿子之间能否订立分开赡养父母的协议？

情景再现

　　白老汉和老伴王大娘有两个儿子，老大白某、老二白二某。两个儿子成年后，白老汉就向村委会提出宅基地申请，想建房子给大儿子结婚用。半年后，白某的宅基地审批下来了，位置在村东，与住在村西的白老汉相距非常远。房子盖好后，白某和妻子就搬进了新房。白某自从搬进新房后，就很少到白老汉家看望他们。两年后，白二某也到了娶妻生子的年龄，白老汉又翻建了自己住的老房子，准备作为二儿子的婚房。新房建成后不久，白二某就在新房结婚了。白老汉和老伴一直和二儿子、儿媳一起生活。白老汉、王大娘经常帮助二儿子下地干活，王大娘还帮助儿媳在家操持家务。

　　白老汉和老伴年龄越来越大，已经不能再到田地里干农活了。白二某看到这种情况，就找白某商量父母亲的养老问题。白某觉得父母这么多年一直帮衬着白二某，那他们就应该和白二某一起生活，不应该自己赡养。为此，白某兄弟二人经常吵架。后来二人终于达成协议，一家赡养一个老人，父亲跟随白某生活，母亲跟随白二某生活。二人商议好后，白某随即到白二某家接白老汉，白老汉夫妇知道此事后马上表示反对，要求老两口要一起生活。白某和白二某说如果不分开赡养，他们谁也不管了，无奈之下白老汉夫妇只好分开。

　　白某兄弟分开赡养老人后就跟仇人一样，大有老死不相往来的架势，白某兄弟二人不往来，也不让白老汉夫妇二人往来。白老汉在白某家居住，还被安排照料家里的牲畜，而王大娘在白二某家要帮着儿媳照顾孩子、做饭，二老每天有干不完的活，经常累得腰酸背痛，想去互相看望对方都要偷偷摸摸，不能被白某兄弟二人发现。老两口一见面就忍不住落泪，两人风风雨雨相伴一辈子了，没想到老了还要经历分离的痛苦。那么，未经父母同意，两个儿子之间能否订立分开赡养父母的协议？

律师指点

根据我国《婚姻法》第二十一条的规定，成年子女有赡养扶助父母的义务。而根据我国《老年人权益保障法》第十四条、第十九条、第二十条的规定可知，赡养人应当履行对老年人经济上供养、生活上照料和精神上慰藉的义务，并照顾老年人的特殊需要，赡养人之间可以就履行赡养义务签订协议，但必须征得老年人同意，并保证上述赡养义务得以履行。

赡养协议是赡养人与被赡养人订立的协议，或者是多个赡养人相互之间为分担赡养义务而订立的协议。赡养协议的内容涉及老年人物质生活条件、赡养费的给付、财产的管理等方面，因此，法律将"经老年人同意"置为前提条件，即只有经过老年人同意的赡养协议才能被实施，并且内容也不得违反法律的相关规定。因为只有赡养人之间的协议经过老年人的同意，才能保障老年人的权利得以充分保障。

本案中，白某、白二某互相推脱不履行赡养义务，在没有经过白老汉夫妇的同意下就订立了分开赡养的协议。白老汉夫妇在知晓协议内容后当即表示反对，白某兄弟不仅不按照父母的意愿修改协议，反而按照此违背白老汉夫妇二人意愿的协议赡养老人，强行将白老汉夫妇分开。而且白某兄弟二人在赡养老人的过程中，给父母安排了很多的劳动，他们并没有切实履行对父母经济上供养、生活上照料和精神上慰藉的义务，因此该协议无效。白老汉可以请求村委会进行调解，也可以到法院起诉要求白某兄弟二人按照自己的方式履行赡养义务。

法条依据

《中华人民共和国婚姻法》

第二十一条第一款 父母对子女有抚养教育的义务；子女对父母有赡养扶助的义务。

第三款 子女不履行赡养义务时，无劳动能力的或生活困难的父母，有要求子女付给赡养费的权利。

《中华人民共和国老年人权益保障法》

第十四条第一款　赡养人应当履行对老年人经济上供养、生活上照料和精神上慰藉的义务，照顾老年人的特殊需要。

第二十条　经老年人同意，赡养人之间可以就履行赡养义务签订协议。赡养协议的内容不得违反法律的规定和老年人的意愿。

基层群众性自治组织、老年人组织或者赡养人所在单位监督协议的履行。

7. 儿子能以父亲与其断绝父子关系为由拒绝履行赡养义务吗？

情景再现

穆某和妻子李某婚后多年未生育，直到穆某35岁时李某才怀孕生下了儿子穆小某。穆某和妻子对儿子非常溺爱，穆小某自小娇生惯养，从没吃过苦，过着饭来张口衣来伸手的日子。穆小某初中毕业后没有考上高中，穆某只好给儿子找了一所中专，让其学习一门技术，将来可以找份工作养活自己。穆小某中专毕业后，就整天游手好闲，穆某给穆小某找了好几份工作，但每份工作都没超过一个月。穆某夫妻为了穆小某操碎了心。后来，穆小某又染上赌博的恶习，输了钱就跟穆某要钱，不给就在家摔东西，甚至为钱还跟穆某夫妇动过手，穆某实在没有办法了，就要与穆小某断绝父子关系。穆某给了穆小某两万元钱，将穆小某赶出了家门。

穆小某被赶出家后，又回过家找过穆某几次，但是每次都是要钱，不给就动手打人。穆某实在没有办法，卖了自己的房子，在另外的地方买了房子居住。穆某就这样与儿子失去了联系。二十多年过去了，穆某和妻子李某已经年迈，李某体弱多病，为了看病，二人花掉了所有的积蓄，每月仅靠穆某的退休金生活。有一次穆某和妻子到离家较远的超市购物时，竟然看到穆小某带着一个十来岁的孩子在买东西，穆某立即上前与穆小某相认，穆小某并没有像穆某那样激动、高兴，反而非常冷漠，给穆某留下电话后离去。经过

165

一段时间的电话交流,穆某了解到穆小某已经改了所有恶习,找了一份工作,并结婚生子。穆某和妻子孤单生活了二十年,一直期望与儿子能再在一起生活,遂向儿子提出要跟儿子一起住,让儿子履行赡养义务。穆小某表示其早已在二十多年前就已经与父母断绝了关系,自己没有义务赡养他们。那么,穆小某对穆某夫妇还有赡养义务吗?

律师指点

根据我国《婚姻法》第二十一条的规定,父母对子女有抚养教育的义务;子女对父母有赡养扶助的义务。子女不履行赡养义务时,无劳动能力的或生活困难的父母,有要求子女付给赡养费的权利。赡养既是出于社会公德,也是基于法律责任,这是无法免除的。而父母子女关系是一种自然的血缘关系,它只能因死亡或子女被他人依法收养而终止,父母子女之间的断绝父母子女关系的声明、协议都是无效的,不能免除法律上的父母子女关系,基于此法律关系,子女就应承担赡养父母的义务。

本案中,穆某已对儿子穆小某尽到了抚养义务,将穆小某养大成人。虽然穆某因为儿子不争气,一时气愤、失望向穆小某声明断绝父子关系,但此种解除父子关系的方式是无效的,并不属于法定解除父母子女关系的情形,穆某与穆小某之间仍然是父子关系。穆某和李某年老后,没有能力自养,而穆小某具有赡养扶助的能力,就应该按照我国《婚姻法》第二十一条的规定履行赡养穆某和李某的义务。如果穆小某拒绝履行赡养义务,穆某夫妇也可以请居民委员会调解,或者直接向人民法院起诉,要求穆小某履行赡养义务。

法条依据

《中华人民共和国婚姻法》

第二十一条 父母对子女有抚养教育的义务;子女对父母有赡养扶助的义务。

父母不履行抚养义务时,未成年的或不能独立生活的子女,有要求父母付给抚养费的权利。

子女不履行赡养义务时，无劳动能力的或生活困难的父母，有要求子女付给赡养费的权利。

8. 母亲被儿子遗弃后怎样维护自己的合法权益？

情景再现

梁奶奶与老伴原来都是国有企业职工，当年为了响应国家独生子女的号召就只生了一个儿子杨某。梁奶奶上班时单位分了一套小三室的房子，一家三口一直在该房屋中居住。杨某大学毕业后作为职工子女在梁奶奶的单位找到了一份化验员的工作。两年后，杨某与同单位的马某结婚，二人同梁奶奶夫妇一同住在小三室内。

梁奶奶的老伴因为突发心肌梗死去世，梁奶奶就一直同儿子、儿媳生活，在家帮助照看孙子，做一些家务，梁奶奶还将自己的养老金发放卡交给了儿子，让其代为保管。几年后，因城区改造，梁奶奶的房子在拆迁范围内，可以获得两套共165平方米的房子。杨某跟梁奶奶商量，以后办理过户还得花钱，不如现在趁着拆迁就将两套房屋直接写到自己的名下，省得以后花钱办过户。梁奶奶想自己就这么一个儿子，房子迟早是儿子的，遂答应了杨某的要求。拆迁后，杨某选了两套九十平方米的房子，一套用于出租，一套用于居住。

几年后，梁奶奶因为年老已经不能再继续做家务了，杨某看到母亲没法再帮助自己料理家事，就想将梁奶奶送到养老院，但是一打听养老院的价格，一个月要一千多元，杨某舍不得掏这些钱，也舍不得将母亲的养老金拿来支付养老院费用。杨某经常对母亲恶语相向，总是因为一些小事对母亲大吵大嚷，梁奶奶忍无可忍与杨某大吵了一架，杨某就将梁奶奶赶出了家门，并将梁奶奶的生活用品、衣物扔到了大街上。梁奶奶没地方去，只能在小区里的凉亭居住。杨某每天看着梁奶奶在凉亭里住着，风吹日晒，就是无动于衷，不管不顾。那么，梁奶奶该如何维护自己的权益呢？

律师指点

根据我国《老年人权益保障法》的相关规定，赡养人应当履行对老年人经济上供养、生活上照料和精神上慰藉的义务，照顾老年人的特殊需要。赡养人应当使患病的老年人及时得到治疗和护理；对经济困难的老年人，应当提供医疗费用。赡养人应当妥善安排老年人的住房，不得强迫老年人居住或者迁居条件低劣的房屋。本案中，杨某有两套房屋，还有自己的工资和房租，他完全有能力赡养梁奶奶，但是他不仅不尽赡养义务，而且还占有了梁奶奶的养老金，将梁奶奶赶出家门，任其在小区凉亭居住，经历风吹日晒。杨某的行为不仅在道德上应该受到谴责，而且违反了法律规定。

梁奶奶可以通过哪些途径解决自己的养老问题呢？我国《婚姻法》第四十四条明确规定："对遗弃家庭成员，受害人有权提出请求，居民委员会、村民委员会以及所在单位应当予以劝阻、调解。对遗弃家庭成员，受害人提出请求的，人民法院应当依法作出支付扶养费、抚养费、赡养费的判决。"同时，根据我国《老年人权益保障法》第七十四条的规定，老年人与家庭成员因赡养发生纠纷，可以申请人民调解委员会或者其他有关组织进行调解，也可以直接向人民法院提起诉讼。人民调解委员会或者其他有关组织调解前款纠纷时，应当通过说服、疏导等方式化解矛盾和纠纷；对有过错的家庭成员，应当给予批评教育。人民法院对老年人追索赡养费或者扶养费的申请，可以依法裁定先予执行。

法条依据

《中华人民共和国婚姻法》

第四十四条　对遗弃家庭成员，受害人有权提出请求，居民委员会、村民委员会以及所在单位应当予以劝阻、调解。

对遗弃家庭成员，受害人提出请求的，人民法院应当依法作出支付扶养费、抚养费、赡养费的判决。

9. 父母再婚，子女是否有权干涉？

情景再现

邹某与妻子李某相敬如宾，感情非常好。二人婚后育有一子邹甲、一女邹乙。邹某与妻子下岗后自筹资金开了一家小吃店，因经营有方、干净实惠，很快就赢得了口碑，生意一直非常红火。邹某在儿子结婚前为其购买了一套商品房，因此邹甲结婚时就搬出了邹某的房子。不久邹乙也结婚离家，家中只剩邹某和李某一起生活。

李某五十五岁时检查出患有胃癌，不久就离开人世。邹某因妻子的离世备受打击，没有心情再经营小吃店，决定暂时将小吃店关闭。半年后，邹某走出了妻子离世的阴影，在儿女的帮助下将小吃店重新开业。小吃店开业后，邹甲、邹乙都有自己的工作，无法常来帮忙，而邹某一个人也确实忙不过来，于是邹甲建议父亲招聘一个服务员。邹某就在小吃店门口张贴了招聘广告。几天来前来应聘人员很多，邹某选中一个五十多岁的妇女丁某。丁某上班后，勤快、能干，人还非常开朗，邹某对丁某非常满意。

经过两年的相处，邹某了解到丁某早年就一个人带着女儿生活，经历了很多艰辛。他深深地被丁某的坚强、善良感染，对丁某逐渐有了好感。之后不久邹某就向丁某表白，丁某也对邹某很有好感，双方很快建立了恋爱关系，并准备结婚。丁某的女儿知道此事后非常支持，而邹某的儿女邹甲、邹乙却强烈反对。邹甲将母亲李某生前的照片全部挂到邹某居住的房屋内，经常到邹某面前哭诉母亲的艰辛和离世前受病痛折磨的痛苦，邹乙也经常在邹某面前提起母亲。邹甲和邹乙还称，如果邹某与丁某结婚，他们以后就不赡养邹某。邹甲、邹乙还到丁某家大吵大闹，引得丁某的邻居围观，这使丁某常常被人指指点点。邹某看到自己的儿女想方设法地阻止他再婚，非常痛苦，只好暂时打消了与丁某结婚的念头。那么，父母再婚，子女是否有权干涉？

169

律师指点

我国《婚姻法》第三十条规定:"子女应当尊重父母的婚姻权利,不得干涉父母再婚以及婚后的生活。子女对父母的赡养义务,不因父母的婚姻关系变化而终止。"由此可以看出,我国婚姻法规定的"婚姻自由"不只是赋予年轻人的权利,也是赋予老年人的权利。丧偶老人再婚,只要符合法律的规定,就享有婚姻自由的权利,也应该受到法律的保护。所以子女干涉父母的再婚是违法行为。而父母被赡养的权利是受法律保护的,不管父母是否再婚,子女的赡养义务都是存在的,子女不能以父母再婚为理由,对父母不尽赡养义务。

本案中,邹某的妻子已经去世,而丁某也是单身,二人都享有婚姻自由的权利,他人不得干涉和阻扰。邹某的儿女邹甲、邹乙为了阻止邹某结婚,想方设法进行阻挠,甚至以不赡养邹某为要挟,二人的行为已经违反了法律的规定。老人再婚遇到子女干涉时,可以请亲朋、居民委员会、村民委员会从中进行调解,这样既可以实现老人再婚的目的,也能化解与子女之间的矛盾和隔阂。但是经调解无法解决时,老人可以不顾子女的意见领取结婚证书,在年老后也有权利要求自己的子女履行赡养义务。

法条依据

《中华人民共和国婚姻法》

第三十条 子女应当尊重父母的婚姻权利,不得干涉父母再婚以及婚后的生活。子女对父母的赡养义务,不因父母的婚姻关系变化而终止。

10. 老人的孙子女有赡养义务吗?

情景再现

孙某年轻时经父母做主迎娶了宋某,二人虽未见面就结婚,但是婚后感情非常好,并于结婚次年生下儿子孙甲,之后就再没有生育子女。孙甲初中毕业后就留在家随父母务农,刚到结婚年龄就跟同村的张乙结婚,之后生下孙小甲。孙甲夫妇为了改变生活条件,一起外出打工,不幸的是,三年后二人在工地上班时同时出现事故死亡。孙甲夫妇死亡后,孙小甲就由孙某和宋某抚养。

孙小甲自小聪明伶俐,学习非常好,长大后还成为了村里第一个大学生。孙某夫妇为了供孙子孙小甲上大学,农忙时下地干活,留足口粮后将所有粮食卖掉给孙子攒学费,二人还在农闲时做豆腐四处贩卖。孙小甲大学毕业后告诉孙某,其被一家外企录用,工资待遇都很好,他要留在城市工作、生活。村里人都说孙某夫妇有福气,虽然没了儿子,但是有一个有出息的孙子,将来一定能享上孙子的福。但是孙小甲工作后从未给过孙某夫妇钱,只是过年过节时会回家探望孙某夫妇。孙某夫妇觉得孙子在城市也不容易,从来没向孙子张口要过钱,二人仅靠几亩薄田相互扶持着在农村生活。

孙某夫妇年老后无法再下地种田,就将田地租了出去,租户每年给孙某一些粮食抵顶租金。年老的宋某患上了糖尿病,孙某看着受病痛折磨的老伴,无奈之下就给孙小甲打电话,希望他能带着宋某到医院好好治疗一下。孙小甲总是找各种理由推脱。村民委员会看到孙某家的情况后,主动为宋某办了低保。但是低保对于孙某二老来说是杯水车薪,孙某实在没有办法了就又跟孙小甲联系,想让孙小甲为自己和老伴养老,但是孙小甲却说自己只是孙某的孙子,不是儿子,没有义务为孙某养老。那么,孙小甲有义务赡养孙某二老吗?

律师指点

我国《婚姻法》第二十八条规定:"有负担能力的祖父母、外祖父母,对于父母已经死亡或父母无力抚养的未成年的孙子女、外孙子女,有抚养的义务。有负担能力的孙子女、外孙子女,对于子女已经死亡或子女无力赡养的祖父母、外祖父母,有赡养的义务。"此条明确规定了孙子女对祖父母有赡养义务。祖父母和孙子女是隔代的直系血亲关系,在法定条件出现的情况下就

171

形成了隔代赡养的关系。这种法定条件就是必须建立在被赡养人确实有困难的情况，且孙子女有赡养能力的情况下，否则也不能成立隔代赡养关系。

本案中，孙小甲失去父母时，孙某有能力抚养孙小甲，因此承担起了抚养孙小甲的责任，并将孙小甲抚养长大，并供孙小甲读完大学，此时双方的隔代抚养关系已经建立。而在孙某、宋某年老后，生活困难，无力支付医疗费用，此时的二老已经没有能力自养，而孙小甲在外企工作，工资待遇都非常好，其是有能力赡养孙某二人的，那么就应该履行赡养义务。孙小甲以其仅是孙某的孙子而不承担赡养义务的理由是不成立的。孙某可以直接到法院请求法院判决孙小甲履行赡养义务。

法条依据

《中华人民共和国婚姻法》

第二十八条　有负担能力的祖父母、外祖父母，对于父母已经死亡或父母无力抚养的未成年的孙子女、外孙子女，有抚养的义务。有负担能力的孙子女、外孙子女，对于子女已经死亡或子女无力赡养的祖父母、外祖父母，有赡养的义务。

第五章

我和我的继承权
——与继承有关的法律知识

1. 法定继承中，继承顺序如何确定？

情景再现

王学健是从枪林弹雨中走过来的老革命，解放后，他没有选择和战友一样被分派到各地做父母官，而是进入学校进行深造。这是因为王学健从小家里就比较富裕，打懂事起就跟着哥哥们念私塾，对我国的传统文化比较感兴趣，但是后来国家遭逢劫难，他就投笔从戎参加了革命。解放后，他觉得自己还是得完成自己当年的梦想，就选择了继续求学，学习自己比较喜欢和热爱的传统文化——国学。

对于王学健的这种做法，当时身边的人都不理解，但是他坚持初衷，现在成为了国内知名学者。而我国现在又掀起了国学热，所以像王学健这样的国学大师十分受大家的尊重。王学健看到现在的年轻人这么热爱国家的传统文化，心中十分欣慰。所以大家时常会看到，王学健九十岁的高龄还四处演讲，做报告，就是想利用有限的时间把自己的所学所得传承下去。由于王学健不辞辛劳，身体吃不消，度过第九十个生日后，突然去世。王学健的离世事发突然，他去世前没有立遗嘱。王学健的父母和老伴也早已去世，留有一儿一女，王学健的亲属咨询律师后，决定按照法定继承开始遗产继承，那么，如何确定继承的顺序？

律师指点

法定继承是指在被继承人没有对其遗产的处理立有遗嘱的情况下，由法律直接规定继承人的范围、继承顺序、遗产分配的原则的一种继承形式。法定继承人包括被继承人的配偶、子女、父母、兄弟姐妹、祖父母和外祖父母。我国的法定继承有两个特征，第一，法定继承以一定的人身关系为前提，其根据是血缘关系；第二，法定继承中对法定继承人范围、法定继承顺序、继承份额以及遗产分配原则等任何组织和公民均无权予以改变。

我国法律对法定继承的顺序有明确的规定，基本上是按照家庭生活中家庭成员之间的关系确定的，反映了家庭成员间亲疏远近的程度，按照亲密至疏远的顺序排列。所以在继承开始后，并非所有的法定继承人都能同时参加遗产继承，而是依法定的先后顺序进行继承。对此，我国《继承法》第十条有明确的规定，第一顺序继承人为配偶、子女、父母；第二顺序继承人为兄弟姐妹、祖父母、外祖父母。继承开始后，由第一顺序继承人继承，第二顺序继承人不继承。没有第一顺序继承人的，才由第二顺序继承人继承。处于同一顺序的法定继承人，其法律地位是平等的，不论是血亲还是养亲或者是扶持关系的继承，均享有继承被继承人遗产的平等权利，不得相互排斥。另外根据我国《继承法》的规定，丧偶的儿媳对公婆和丧偶的女婿对岳父、岳母尽了主要赡养义务的，作为第一顺序继承人。

本案中，王某去世后，其配偶、父母、子女有权作为第一顺序的继承人继承王某的遗产，但王某的配偶和父母已先于王某去世，故第一顺序的继承人只有王某的儿子和女儿，因此，王某的儿子和女儿可以依法继承王某的遗产。

法条依据

《中华人民共和国继承法》

第十条 遗产按照下列顺序继承：

第一顺序：配偶、子女、父母。

第二顺序：兄弟姐妹、祖父母、外祖父母。

继承开始后，由第一顺序继承人继承，第二顺序继承人不继承。没有第一顺序继承人继承的，由第二顺序继承人继承。

本法所说的子女，包括婚生子女、非婚生子女、养子女和有扶养关系的继子女。

本法所说的父母，包括生父母、养父母和有扶养关系的继父母。

本法所说的兄弟姐妹，包括同父母的兄弟姐妹、同父异母或者同母异父的兄弟姐妹、养兄弟姐妹、有扶养关系的继兄弟姐妹。

第十二条 丧偶儿媳对公、婆，丧偶女婿对岳父、岳母，尽了主要赡养义务的，作为第一顺序继承人。

2. 法定代理人可以处分未成年人的遗产继承权吗？

情景再现

王鹏和刘莉是大学同学，大学毕业后选择一块创业，在日常工作中两人渐渐产生感情就谈起了恋爱，后来就结了婚。从事业伙伴变成人生伴侣，两个人的感情更好了，一些想法和点子经常不谋而合。由于两人齐心协力，生意越做越大，每次同学聚会都会成为大家的焦点，更有甚者直接称他们是神仙眷侣，连名字都省了。

王鹏和刘莉结婚三年后，刘莉怀孕了，十月怀胎生了一个儿子，取名王晓鹏。王鹏十分高兴，觉得自己家庭和美，生意兴隆，没有比自己更幸运的人了。而刘莉怀孕后，因为身体原因一直没有管公司的事情，选择了在家养胎，现在孩子出生后，她又选择了回到公司以减轻丈夫王鹏的负担。刘莉回到公司后，确实减轻了王鹏的不少负担，王鹏经常调侃刘莉夫妻合璧的时代又来了！

但是天有不测风雨，在王晓鹏五岁的时候，王鹏和刘莉去外地洽谈项目，工作结束后，天气不好，王鹏劝刘莉等天气好了再赶回去，但是刘莉思子心切，冒着风雨往家赶，结果在回来的途中出了车祸，夫妻二人双双遇难。王晓鹏从一个含着金汤匙出生的小少爷，一夜之间变成了父母双亡的孤儿。好在，王鹏还有一个弟弟叫王亮，在听到哥嫂出事后就把王晓鹏带到身边抚养，王亮就成了王晓鹏的监护人。

两年后，王晓鹏的外祖父因为思念女儿，郁郁而终，王晓鹏按法定程序参与继承，由于王晓鹏是未成年人，由其叔叔代理继承权。但是王亮认为王晓鹏有自己父母的公司，自己也有生意，王晓鹏并不需要外祖父的那点遗产，

177

就擅自替王晓鹏放弃了遗产继承。王亮可以代替王晓鹏放弃继承权吗？

律师指点

法定代理人是指根据法律规定，代理无诉讼行为能力的当事人进行诉讼，直接行使诉讼代理权的人。无诉讼行为能力的公民进行诉讼活动只能由其监护人作为法定代理人代理其进行诉讼活动，法定代理一般适用于精神病人、未成年人和其他无诉讼行为能力的人，法定代理人的法律地位相当于当事人。这在我国《继承法》第六条有明确规定，无行为能力人的继承权、受遗赠权，由他的法定代理人代为行使。同时，法律还规定了法定代理人在代理被代理人行使继承权、受遗赠权时，不得损害被代理人的利益。而且一般情况下，法定代理人是不允许代理被代理人放弃继承权、受遗赠权的。这些都体现了法律对未成年人合法权益的保护。

本案中，王晓鹏是未成年人，系无民事行为能力人，只能由其法定代理人王亮代理其进行相关活动。根据《最高人民法院关于贯彻执行〈中华人民共和国继承法〉若干问题的意见》第8条的规定，法定代理人代理被代理人行使继承权、受遗赠权，不得损害被代理人的利益。法定代理人一般不能代理被代理人放弃继承权、受遗赠权。明显损害被代理人利益的，应认定其代理行为无效。王亮作为王晓鹏的法定代理人，可以代理王晓鹏行使继承权、受遗赠权，但是不能代理王晓鹏放弃继承权、受遗赠权。案例中，王亮代理王晓鹏放弃继承其外祖父遗产的做法已经损害了被代理人王晓鹏的利益，依法应被认定为无效的代理行为，王晓鹏仍然享有继承其外祖父遗产的权利。

法条依据

《中华人民共和国继承法》

第六条 无行为能力人的继承权、受遗赠权，由他的法定代理人代为行使。

限制行为能力人的继承权、受遗赠权，由他的法定代理人代为行使，或者征得法定代理人同意后行使。

《最高人民法院关于贯彻执行〈中华人民共和国继承法〉若干问题的意见》

8.法定代理人代理被代理人行使继承权、受遗赠权,不得损害被代理人的利益。法定代理人一般不能代理被代理人放弃继承权、受遗赠权。明显损害被代理人利益的,应认定其代理行为无效。

3. 不履行赡养义务的子女还有继承权吗?

情景再现

王海外出闯荡多年,回到家乡,并没有像大家想象和期望的那样衣锦还乡,而是两手空空。王海的归来没有为家人带来财富,反而带来了无尽的烦恼。原来王海在外学会了赌博,并且已经上瘾,现在家中不仅没有得到王海的照拂,还要天天为他支付赌资。王海的女儿出嫁后有了自己的家庭,觉得父亲虽然赌博,但是没有为自己的生活带来什么实质性的伤害,所以还可以忍受。但是王海的儿子大学刚毕业,虽然有了工作,但是还没有结婚,好多姑娘一听说他的父亲有恶习都打了退堂鼓。

几年过去了,儿子已成家生子,而王海也老了,需要人照顾。王海就搬去和儿子共同生活,但是条件是得戒赌。王海想着自己孙子都那么大了,自己再不改正会影响孙子,就真的不再去打牌了。王海和儿子虽然住在了一块,但是饮食起居并没有得到很好的照顾。原来,儿子时常记恨父亲当年干的那些糊涂事,只要一想起来就对父亲又打又骂,有时还不给饭吃。

王海无奈只好与女儿一家共同生活,从此以后王海的儿子再没有履行过赡养的义务,只有女儿尽着做子女的本分。王海去世时告诉女儿,自己在染上赌博习惯的时候,手上有一笔不小的财产,存在银行里,就是怕自己给挥霍了,一直没有动过,现在决定把这笔财产留给女儿。王海的儿子知道此事后,便争抢这笔财产,认为自己也有继承权。双方僵持不下,只好起诉到法院。法院经过审理认为虐待、不履行赡养义务的继承人丧失继承权。法院最后判决王海的女儿继承了这笔财产。

律师指点

继承权是指继承人依法取得被继承人遗产的权利。继承权既可以依据法律的规定取得（如法定继承、遗嘱继承），也可因出现法定情形而丧失（如遗弃或虐待被继承人、故意杀害被继承人）。继承权的丧失分为绝对丧失与相对丧失。绝对丧失，又称继承权的终局丧失，是指当发生某种法定事由时，该继承人是绝对不可能再享有继承权的。相对丧失，又称继承权的非终局丧失，是指因发生某种法定事由，继承人的继承权丧失，但在具备一定条件时继承人的继承权也可恢复。我国《继承法》第七条明确规定了继承权丧失的几种情形，其中，遗弃被继承人的，或者虐待被继承人情节严重的就是法定事由之一。判断继承人虐待被继承人情节是否严重，可以结合虐待行为的实施时间、手段、后果和社会影响等方面认定。由此可知，继承人打骂、不给被继承人吃饭的虐待行为如果达到一定程度时，可以剥夺继承人的继承权。但是，又介于父母与子女之间的特殊关系，法律又对因该情形而丧失继承权作了特殊的规定，即继承人虐待被继承人情节严重的，或者遗弃被继承人的，如以后确有悔改表现，而且被虐待人、被遗弃人生前又表示宽恕，可不确认其丧失继承权。这在《最高人民法院关于贯彻执行〈中华人民共和国继承法〉若干问题的意见》第13条中有明确规定。因此，虐待被继承人情节严重的属于继承权的相对丧失。

本案中，王某之子对其父亲又打又骂，甚至还不给饭吃，致使老人在无奈之下与女儿共同生活，其行为已构成虐待被继承人，依法可以剥夺其继承权。且王某之子在王某与女儿生活期间，未再尽过赡养义务，根本无悔改表现，也没有得到王某生前的宽恕，依法丧失继承王某遗产的权利。法院判决王某的女儿继承王某遗产的做法完全符合法律规定。

法条依据

《中华人民共和国继承法》

第七条 继承人有下列行为之一的，丧失继承权：

……

（三）遗弃被继承人的，或者虐待被继承人情节严重的；

……

《最高人民法院关于贯彻执行〈中华人民共和国继承法〉若干问题的意见》

10. 继承人虐待被继承人情节是否严重，可以从实施虐待行为的时间、手段、后果和社会影响等方面认定。

虐待被继承人情节严重的，不论是否追究刑事责任，均可确认其丧失继承权。

13. 继承人虐待被继承人情节严重的，或者遗弃被继承人的，如以后确有悔改表现，而且被虐待人、被遗弃人生前又表示宽恕，可不确认其丧失继承权。

4. 互有继承权的人同时死亡，继承顺序如何确定？

情景再现

王一鸣是村子里的第一个大学生，大学毕业后，他选择了回到家乡。王一鸣作为名牌大学毕业的大学生回到了家乡，好几家效益不错的国企都向他伸出了橄榄枝，但是都被他拒绝了。王一鸣经过一段时间的调查研究，把目光锁定了一家还处在起步阶段的小公司。作为一个刚刚成立的小公司，能得到著名高校毕业生的青睐，老板刘庆阳还是有点受宠若惊的。但是王一鸣入职的条件是要占公司5%的股份，并且根据自己的能力逐年增加。刘庆阳心中虽然不愿意，但是能招揽这样一个人对自己的公司还是有好处的，比如应酬交际的时候王一鸣也是一个活名片，于是就答应了。

事实证明，刘庆阳的做法是非常有远见的，现在看来当年王一鸣的条件一点都不苛刻，甚至还有点仁慈。现在刘庆阳和王一鸣已经不是原来的雇佣关系了，而是合作伙伴，王一鸣现在手中的股份已经和原来的老板刘庆阳持平了，一人占50%。两个人经过多年的交往，也成了好朋友，而原来的小公司现在也成了行业内首屈一指的领头羊，这都要归功于刘庆阳一流的交际能力和王一鸣过硬的业务能力。

前一段时间，王一鸣为了公司的事情忙碌，一直没有时间陪伴妻子和孩子。现在工作告一段落，又适逢国庆，王一鸣夫妇就利用国庆七天假期，带着10岁的儿子去了外地旅游。途中，暴雨连连，山体经雨水的冲刷，发生了滑坡，王一鸣驾驶的汽车被埋在了里面。由于天气恶劣，再加上路面严重损毁，救援人员没有及时赶到，一家人不幸全部遇难，无一生还。在这种情况下，继承顺序要如何确定？

律师指点

我国法律规定遗产继承的顺序首先是看有无遗嘱，有遗嘱或遗赠的，先按照遗嘱或遗赠办理，没有的按照法定继承办理；其次是确定被继承人的遗产和债务；最后是确定继承人的范围、顺序和份额。继承顺序是继承法律关系中的重要内容之一，确定继承顺序时应把继承人和利害关系人都算进来，把无继承权、丧失继承权和抛弃继承权的继承人再排除掉。互有继承权的人同时死亡的，一般的做法是：如果不能确定死亡先后时间的，推定没有继承人的人先死亡；如果死者各自都有继承人，几个死者辈分不同的推定长辈先死亡，辈分相同，推定同时死亡，彼此不发生继承，由他们各自的继承人分别继承。对此，《最高人民法院关于贯彻执行〈中华人民共和国继承法〉若干问题的意见》第2条有明确的规定，相互有继承关系的几个人在同一事件中死亡，如不能确定死亡先后时间的，推定没有继承人的人先死亡。死亡人各自都有继承人的，如几个死亡人辈分不同，推定长辈先死亡；几个死亡人辈分相同，推定同时死亡，彼此不发生继承，由他们各自的继承人分别继承。

本案中，王某和其妻子、儿子是互有继承关系的三个人，在同一事件中死亡，在无法确定死亡先后时间时，可以推定其子先死亡，因为其子没有继承人，根据法律规定应推定其先死。而王某与其妻是同辈，应推定二人同时死亡，彼此之间不发生继承关系，由他们各自的继承人分别继承，即王某和其妻子的父母分别继承他们各自的财产。

法条依据

《最高人民法院关于贯彻执行〈中华人民共和国继承法〉若干问题的意见》

2.相互有继承关系的几个人在同一事件中死亡，如不能确定死亡先后时间的，推定没有继承人的人先死亡。死亡人各自都有继承人的，如几个死亡人辈分不同，推定长辈先死亡；几个死亡人辈分相同，推定同时死亡，彼此不发生继承，由他们各自的继承人分别继承。

《中华人民共和国继承法》

第五条　继承开始后，按照法定继承办理；有遗嘱的，按照遗嘱继承或者遗赠办理；有遗赠扶养协议的，按照协议办理。

5. 继子女有继承权吗？

情景再现

王玲上大学的时候和李阳在一次老乡聚会时结识，当时两人就特别聊得来，散场的时候交换了电话号码，并约定常联系。没过几天，王玲就接到了李阳的电话，约她一起去爬山。王玲很惊讶李阳会约自己，因为她以为聚会时所说的常联系只是说说而已，但是现在李阳给自己打电话来，拒绝了不合适，就答应了。从此以后，李阳就隔三岔五地约王玲见面，慢慢地就每天都见，后来两个人就自然而然地走到了一起。

由于两人都见过了双方父母，父母也都没有意见，于是两人毕业就结了婚，彼此也都有了不错的工作，小日子过得还不错。婚后第三年，王玲和李阳就按计划怀孕生子。孩子出生后，由双方父母照顾，小两口还是甜甜蜜蜜地过着两人世界，王玲一度以为自己会一直这么幸福下去。但是这个美梦很快就被现实打破了，原来李阳在王玲怀孕期间和高中时的恋人重逢，并且很快就死灰复燃了。

王玲不能忍受丈夫对自己的背叛，任凭李阳怎么哀求和父母怎么规劝，她毅然决然地选择了离婚。离婚后，王玲带着儿子独自生活，日子虽然没有以前轻松但是心里很踏实。一次偶然的机会，王玲认识了新搬来的邻居肖军，不久就和肖军组成了再婚家庭。婚后，王玲和肖军又生了一个女儿，一家四口很是和睦。然而灾难总是接踵而至，肖军去外地办事的时候遭遇车祸当场死亡。肖军父母早亡，名下的财产由王玲和一子一女继承。肖军的姐姐知道后，向法院起诉反对王玲与前夫所生的孩子继承弟弟的遗产，法院经过审理认为此子为肖某的继子，形成了扶养关系，依法享有继承权。

律师指点

继子女，是指丈夫与前妻或妻子与前夫所生的子女。继父母子女关系是由于父或母再婚而形成的姻亲关系。继子女继承继父母遗产的条件关键就是看他们之间是否形成了扶养关系，只有在继子女受到继父母的扶养或扶助，经法律确认其形成了扶养关系时，继子女才有继承权。我国法律明确规定，继子女和继父母之间只有继子女受继父母供养、抚养和教育或者是继子女对继父母供养或者扶助的才能确定继承关系。所以只要是具备继父母对继子女的抚养或继子女对继父母的赡养的情形之一，就可认定为继子女与继父母形成了扶养关系，依据法律规定，继子女与继父母之间互相享有继承权，就是说，如果当某一方因意外情况去世后，继父母或继子女能否有权分割去世的继父母或继子女的遗产，关键取决于继父母与继子女之间有无事实扶养关系，有事实扶养关系就有权分割，如果没有事实扶养关系就没有权利要求分割。

本案中肖某的继子享有继承权。我国《继承法》第十条第三款明确规定，继承法中所指的子女，包括婚生子女、非婚生子女、养子女和有扶养关系的继子女。上述案件中王某和前夫李某所生的孩子经调查与肖某有扶养关系，所以其对肖某的遗产享有继承权，因为有扶养关系的继子女与继父母之间形成了法律上的拟制血亲关系，继子女也就能像婚生子女一样继承被继承人的遗产，成为被继承人的法定继承人。此子为肖某的继子，与肖某形成了事实上的扶养关系，是法定继承人，依法享有继承权。法院的判决完全符合法律规定，王玲与前夫李某所生的孩子可以依法继承肖某的遗产。

法条依据

《中华人民共和国继承法》

第十条第三款 本法所说的子女,包括婚生子女、非婚生子女、养子女和有扶养关系的继子女。

6. 继承人丧失继承权的,其子女能代位继承遗产吗?

情景再现

陈伟出生在一个偏僻的小山村,家中弟兄四个,陈伟是老大。在农村经济来源单一,再加上家里孩子多,所以经济状况不好。陈伟作为家中长子,为了让弟弟们上学,早早就外出打工贴补家用。陈伟中途辍学,挣钱供弟弟上学,要说心中没有怨言是假的,但是他看着父母日益衰老心中总是不忍,渐渐地也就打消了上学的念头。

后来,弟弟们陆续大学毕业,也都有了不错的工作,家里的光景逐渐好了起来。陈伟后来也在亲戚的介绍下和邻村的姑娘小梅结了婚。陈伟结婚后,经常和妻子回忆自己当年如何挣钱、如何供弟弟们上学。刚开始的时候,小梅还安慰陈伟好日子来了,以后两个人齐心协力一定能把日子过好的。但是事与愿违,陈伟越想过好日子,好日子越不来找他,几次做生意都赔得血本无归。家中日子吃紧,而弟弟们都在城里拿着高薪住着楼房,妻子小梅渐渐地心里就不平衡了,她觉得小叔子们的好日子都是自己老公当年的付出换来的。

在小梅的影响下,陈伟也觉得自己现在如此穷困就是因为自己当年没有上学,这都归罪于父母的偏心。陈伟心中有怨气没处发,就经常虐待、打骂与自己同住的父母,还隔三岔五地不让父母吃饭,情节十分恶劣。父母也觉得愧对大儿子,就选择了忍气吞声,没有给别的儿子提起过。一天陈伟和妻子进城找弟弟们要钱,在回家的路上发生了车祸,夫妻两人双双身亡,只留下了一个儿子陈晓伟。没有了父母，陈伟的父亲就把小孙子带到身边抚养。后来陈伟的父母也因病相继离世，留下了一些遗产。遗产继承的时候，就陈晓伟可否代位继承发生了争议，那么，陈晓伟可以代位继承其爷爷奶奶的遗产吗？

律师指点

代位继承是指被继承人的子女先于被继承人死亡时，由被继承人子女的晚辈直系血亲代替先死亡的长辈直系血亲继承被继承人遗产的一项法定继承制度。其是和本位继承相对应的，是法定继承的一种特殊情况。例如，祖父去世后留下的遗产本应该由父亲继承，但是父亲先于祖父去世了，则由父亲的子女代替父亲行使继承权。但是，如果父亲生前已经丧失了继承权的，其子女就不能代位继承了。值得注意的是代位继承只适用于法定继承，在遗嘱继承中不适用。因为被继承人的遗嘱会因继承人先于被继承人死亡而失效，所以不发生代位继承。

本案中陈某的儿子不能代位继承其爷爷奶奶的遗产。因为陈某生前有打骂、虐待父母的行为，且性质恶劣，应被认定为丧失继承权。这符合我国《继承法》第七条第三项的规定，遗弃被继承人的，或者虐待被继承人情节严重的，丧失继承权；同时，《最高人民法院关于贯彻执行〈中华人民共和国继承法〉若干问题的意见》第28条也明确规定，父母生前丧失继承权的情况下，其子女不能代位继承。但是，如果该代位继承人缺乏劳动能力又没有生活来源，或对被继承人尽赡养义务较多的，可适当分给遗产。结合本案，陈晓伟因其父亲陈某的继承权被剥夺，导致其不能代位继承遗产，但如果陈晓伟未成年，缺乏劳动能力，也可以依法适当分得遗产。

法条依据

《中华人民共和国继承法》

第七条 继承人有下列行为之一的，丧失继承权：

……

（三）遗弃被继承人的，或者虐待被继承人情节严重的；

......

第十一条 被继承人的子女先于被继承人死亡的，由被继承人的子女的晚辈直系血亲代位继承。代位继承人一般只能继承他的父亲或者母亲有权继承的遗产份额。

《最高人民法院关于贯彻执行〈中华人民共和国继承法〉若干问题的意见》

28.继承人丧失继承权的，其晚辈直系血亲不得代位继承。如该代位继承人缺乏劳动能力又没有生活来源，或对被继承人尽赡养义务较多的，可适当分给遗产。

7.如被继承人立有遗嘱，则遗嘱继承优先于法定继承吗？

情景再现

沈和平年轻的时候不甘心在农村过一辈子面朝黄土背朝天的苦日子，就跟随别人一起进城找机会，并且立志一定要衣锦还乡。刚进城的时候，沈和平是个什么都不懂的傻小子，也没有一技之长，只能在工地上卖苦力。但是沈和平是个有心人，在干活的时候他时常留心身边的事情。一次偶然的机会，他认识了往工地上送建筑材料的小王，经过攀谈他了解到现在倒腾建筑材料很有市场，就动了心思。通过不断地向别人讨教，沈和平逐渐掌握了一些门道，于是，他就通过贷款筹集了一些资金，也倒腾起建筑材料来。

由于沈和平为人正直，童叟无欺，所以很快就打开了市场，赢得了不少的回头客。没多久，沈和平不仅还清了银行的贷款，还积累了一些资金，他乘胜追击很快就拥有不少财富，成立了属于自己的公司。事业有了转机，沈和平就风风光光地回到了家乡，把老婆孩子都接到城里过起了好日子。

渐渐地，沈和平年纪大了，也干不动了，儿女们都不愿意接自己的班，他只好把公司解散了，自己回家专心养老。起初，沈和平并没有觉得退休后的生活有什么不同，但是时间一长，他感觉自己很空寂，孩子们很少来看自己，电话打过去时也总是说忙没有时间。老伴去世后，沈和平觉得更加孤独了，最后没办法，他不愿一个人在家呆着，就搬到了养老院居住。在养老院生活期间，沈和平结识了照顾自己的义工某大学的学生白峰，他觉得白峰比自己的儿女要强千万倍。于是，去世前就立了一份遗嘱。遗嘱中规定，将半数的遗产赠与白峰。沈和平去世后，发生了继承纠纷。沈某的子女不认同遗嘱中将半数的遗产赠与白峰的条款，认为应该按照法定继承的顺序继承。究竟遗嘱继承与法定继承哪个更为优先呢？

律师指点

　　遗嘱继承又称"指定继承"，是指按照被继承人所立的合法有效的遗嘱而承受其遗产的继承方式。与之相对的是法定继承，法定继承则是指在被继承人没有对其遗产的处理立有遗嘱的情况下，由法律直接规定继承人的范围、继承顺序、遗产分配原则的一种继承形式。按照我国《继承法》第五条的规定，遗嘱继承与遗赠抚养协议优于法定继承。即继承开始后，有遗嘱的，按照遗嘱继承；有遗赠扶养协议的，按照协议办理；都没有的，按照法定继承办理。该规定体现了遗嘱继承在适用效力上优先于法定继承，继承开始后如果立有遗嘱的，应先按照遗嘱继承，因为遗嘱继承充分反映了立遗嘱的被继承人处分自己死后遗产的意志和愿望。

　　本案中，沈某生前自愿立下遗嘱，将半数的遗产赠与白峰。白峰虽然不是沈某的法定继承人，但是依照我国《继承法》第十六条第二款的规定，公民可以立遗嘱将个人财产赠给法定继承人以外的人。这就是说白峰可以成为沈某遗嘱继承的继承人，依法可以取得沈某半数的遗产。这也和我国民法相关规定相呼应，即公民有处分自己合法所有的个人财产的权利。所以本案应当先按照遗嘱继承办理，由白峰继承沈某的半数遗产，剩下的一半，由沈某的儿女们根据法定继承办理。

法条依据

《中华人民共和国继承法》

第五条 继承开始后,按照法定继承办理;有遗嘱的,按照遗嘱继承或者遗赠办理;有遗赠扶养协议的,按照协议办理。

第十六条第三款 公民可以立遗嘱将个人财产赠给国家、集体或者法定继承人以外的人。

8. 临终前设立的口头遗嘱效力如何?

情景再现

胡小伟大学毕业后,跟潮流去了美国留学。在美国,胡小伟选择了比较热门的经济管理专业,想着自己一定要把真本事学到手,学业结束了依靠自己的能力创造属于自己的商业帝国。经过三年的学习,胡小伟学有所成,但并没有立即创业,而是选择去了一家世界五百强企业上班。原来,胡小伟想先通过实践为自己积累一些人脉和资源,然后再发展自己的事业。

几年后,胡小伟开始着手准备自己的公司,由于前期准备充分,再加上投资目光精准,很快就打开了一片天地。胡小伟的生意越做越大,在业内也越来越有名气,但是他并不开心。原来,这几年胡小伟整日忙于拓宽自己的商业版图,忽略了对孩子的教育和引导,现在他的大儿子简直是顽劣不堪。痛定思痛以后,胡小伟决定好好培养自己的小儿子,一定不能让他再走哥哥的老路。从此以后,胡小伟真的加强了对小儿子的培养,效果也十分明显,小儿子在各方面都表现得十分优异。

这天,胡小伟在去公司的路上遭遇了车祸,到医院抢救时已经奄奄一息,临终前对身边医院的工作人员交代:"我死后,一定要由我的小儿子接替我的位置,千万不要让老大掌管公司,否则我一生的心血就全毁了。"胡某去世后,医院工作人员宣布胡小伟要求由其小儿子代替其管理公司的决定。胡小伟的大儿子听完父亲的临终遗嘱后，十分气愤，称自己是长子，公司当然是由他掌管，弟弟乳臭未干，能干什么事！最后胡小伟的大儿子以父亲临终前的口头遗嘱无效为由，要求接管公司，遂发生纠纷。临终前的口头遗嘱果真不具有法律效力吗？

律师指点

口头遗嘱，是指在危急情况下所立的遗嘱。由于口头遗嘱是遗嘱人口述的，并无其他记录方式证明，其真实性和准确性较难判断，存在极易被篡改和伪造、且在遗嘱人死后无法查证的缺点。所以，口头遗嘱只能在情况危急时使用（如临终前、病危前等随时都存在生命危险时），一旦危急情况解除，比如说病情好转了或是病愈出院了，遗嘱人能够用书面或者录音形式立遗嘱的，所立的口头遗嘱无效。这在我国《继承法》第十七条第五款中有明确规定：遗嘱人在危急情况下，可以立口头遗嘱。口头遗嘱应当有两个以上见证人在场见证。危急情况解除后，遗嘱人能够用书面或者录音形式立遗嘱的，所立的口头遗嘱无效。另外，口头遗嘱的设立必须有两个以上见证人在场见证，并且见证人必须是无利害关系的完全行为能力人。我国《继承法》第十八条规定下列人员不能作为遗嘱见证人：（一）无行为能力人、限制行为能力人；（二）继承人、受遗赠人；（三）与继承人、受遗赠人有利害关系的人。

本案中胡某在临终前的危急时刻，在身边有两个以上见证人的情况下，交代希望小儿子接替自己的位置，不允许大儿子接管公司的决定属于口头遗嘱，且见证人是医院的工作人员，为无利害关系人。这些都符合口头遗嘱的设立条件，所以对于胡某的口头遗嘱应该被认定为是有效的。

法条依据

《中华人民共和国继承法》

第十七条第五款 遗嘱人在危急情况下，可以立口头遗嘱。口头遗嘱应当有两个以上见证人在场见证。危急情况解除后，遗嘱人能够用书面或者录音形式立遗嘱的，所立的口头遗嘱无效。

第十八条 下列人员不能作为遗嘱见证人：

（一）无行为能力人、限制行为能力人；

（二）继承人、受遗赠人；

（三）与继承人、受遗赠人有利害关系的人。

9. 因受胁迫所立的遗嘱是无效的吗？

情景再现

王大鹏兄弟姐妹共五人，他们的父亲是木匠，后来又开了木器加工厂，手中有不少积蓄。王大鹏的父亲怕孩子们为了自己手中的财产干出有伤亲情的事情来，不止一次地对他们表示，自己一旦辞世，财产由子女们平分，即每个子女都平均地得到1/5的遗产。慢慢地孩子们也都接受了父亲的安排，从没有因为这些事情发生过矛盾。

王大鹏是兄弟姐妹五人中的老大，自从母亲去世后，父亲就跟随自己生活。王大鹏为人老实，对父亲也很孝顺，虽然一直是自己在照顾父亲，但是从来没有要求父亲把财产全留给自己。但是，最近家中发生了一件事，使王大鹏的想法发生了不可逆转的改变。原来王大鹏的儿子王小鹏大学毕业后没有找到合适的工作，就张罗着出国留学混个洋文凭回来，成为海归肯定好就业。现在王小鹏从外国学习回来，也拿到了文凭，但却成了海待，工作依然没着落，天天在家混吃混喝。王大鹏看着儿子整日里无所事事的，心中十分着急，就问儿子作何打算。这王小鹏想一出是一出，决定不找工作了，打算自己创业当老板，又伸手向王大鹏要钱。

王大鹏前几年供儿子出国留学，手中早就没有什么积蓄了，现在去哪里弄钱给儿子当启动资金呀？正在王大鹏一筹莫展的时候，老爷子生病住进了医院，经检查是癌症晚期，没有几天活头了。听说老爷子快死了，王大鹏心中产生了一个邪恶的念头，要是自己独自继承了父亲的巨额遗产，儿子不就

191

有资金创业了吗？在心魔的驱使下，王大鹏趁弟弟妹妹不在的时候，逼迫躺在病床上的父亲立下了所有遗产都由自己继承的遗嘱，以便父亲死后，自己可以独自占有遗产。那么，这份遗嘱有效吗？

律师指点

遗嘱是指遗嘱人生前在法律允许的范围内，按照法律规定的方式对其遗产或其他事务所作的个人处分，并于遗嘱人死亡时发生效力的法律行为，是公民生前对其死后遗产所作的处分和处理其他事务的嘱咐或嘱托。一份有效的遗嘱应具备以下几个条件，一是遗嘱人在立遗嘱时须有遗嘱能力，即遗嘱人必须是完全行为能力人，才有设立遗嘱的行为能力；二是遗嘱内容必须是立遗嘱人的真实意思的表示，因为意思表示真实是民事行为有效的必要条件；三是遗嘱处分的遗产只能是个人合法所有的财产，处分其他财产的，该部分内容无效；四是遗嘱中不得取消缺乏劳动能力又没有生活来源的继承人的继承权；五是遗嘱须不违反社会公共利益和社会公德。这在我国《继承法》第二十二条也有体现，该条规定："无行为能力人或者限制行为能力人所立的遗嘱无效。遗嘱必须表示遗嘱人的真实意思，受胁迫、欺骗所立的遗嘱无效。伪造的遗嘱无效。遗嘱被篡改的，篡改的内容无效。"

本案中，王大鹏采用逼迫的方式让病床上的父亲立下所有遗产都由自己继承的遗嘱，显然不符合遗嘱人的真实意思，遗嘱人生前一直表示，自己一旦辞世，财产由子女们平分，而非全部由一人继承。王大鹏的做法违反了我国《继承法》第二十二条的规定，遗嘱必须表示遗嘱人的真实意思，受胁迫、欺骗所立的遗嘱，应认定为无效遗嘱。所以，王大鹏手中的遗嘱应该被认定为无效遗嘱，王大鹏不能依据该遗嘱继承其父亲的全部遗产。

法条依据

《中华人民共和国继承法》

第二十二条 无行为能力人或者限制行为能力人所立的遗嘱无效。

遗嘱必须表示遗嘱人的真实意思，受胁迫、欺骗所立的遗嘱无效。

伪造的遗嘱无效。

遗嘱被篡改的，篡改的内容无效。

10. 遗书中的内容如涉及个人财产处分可视为遗嘱

情景再现

黄强大学毕业后，没有就业而是选择了去美国留学。由于是自费留学，刚到美国的时候黄强的经济状况十分拮据，时常半夜里被饿醒。再加上人生地不熟的，自己在国内学习的英语也没有帮上什么忙，别人说什么他听不懂，他说什么别人也不明白，黄强经常感到沮丧，甚至觉得自己来美国是个错误的决定，直到他遇到了杨丽丽。

黄强和杨丽丽认识是在一个华人聚会上，当他接到这个聚会邀请的时候内心是根本不想去的，但是自己已经一天没有吃东西了，去参加聚会能够饱餐一顿。黄强在聚会上经人介绍认识了杨丽丽，随后两个人就经常相约见面，渐渐地就熟悉起来了。杨丽丽来美国两年了，早就熟知了在美国的生存规则，这帮了黄强不少忙。杨丽丽不仅在课余时间陪黄强练口语，还给他介绍了一份薪水不错的工作。黄强渐渐从困顿中走了出来，在国内的意气风发又回到了这个年轻人的身上。

一来二去的，杨丽丽对黄强产生了强烈的好感，正在她打算向黄强表白的时候，黄强先一步试探杨丽丽：两个人可不可以以结婚为目的进行交往？就这样，两个身在异乡的年轻人走到了一起。学成回国后，两人在父母的主持下结了婚。但是天有不测风云，杨丽丽去外地出差的时候发生了车祸，在送往医院的路上就去世了，没有给黄强留下只言片语。自妻子去世后，黄强伤心欲绝，无法经受思妻之苦，最终决定自我了断。在书写了一份遗书后，黄强就跳河自尽了。黄强的弟弟在整理黄强的遗物时，发现了这份遗书，遗书中涉及了黄强死后财产如何处分的问题，并有黄某的亲笔签名及日期。这份遗书应该被视为遗嘱吗？

律师指点

遗嘱是指遗嘱人生前在法律允许的范围内，按照法律规定的方式对其遗产或其他事务所作的个人处分，并于遗嘱人死亡时发生效力的法律行为。根据我国《继承法》第十七条的规定，遗嘱的形式有如下五种：公证遗嘱、自书遗嘱、代书遗嘱、录音遗嘱、口头遗嘱。自书遗嘱属于遗嘱的一种，是由遗嘱人亲笔书写，并签名，注明年、月、日。自书遗嘱是遗嘱人依法根据自己的意志对死后的财产预先做出的处分，其成立需具备以下几个条件：1、遗嘱的内容需由遗嘱人亲笔书写；2、遗嘱上须有遗嘱人的亲笔签名；3、遗嘱上须有明确的年、月、日。这三项缺一不可。此外，《最高人民法院关于贯彻执行〈中华人民共和国继承法〉若干问题的意见》第40条规定了遗书在特定情况下也可以按自书遗嘱对待，即公民在遗书中涉及死后财产处分的内容，确为死者真实的意思表示，并有本人的签名和明确的时间，且无相反证据的情况下，可以认定为自书遗嘱。由此可知，当遗书确为死者真实意思的表示，且无相反证据，同时又满足了自书遗嘱的必备要件时，就可以按照自书遗嘱来处理。

本案中黄某是在无法经受思妻之苦，最终决定自我了断的情况下亲自写的这份遗书，完全是出于自己的意愿，并且遗书上有黄某的亲笔签名及日期，也没有其他相反的证据和遗书的内容冲突。因此，黄某的这份遗书完全符合自书遗嘱的特征，可以按照自书遗嘱来对待，遗书中有关黄某死后财产的处分按照遗嘱的相关规定处理。

法条依据

《中华人民共和国继承法》

第十七条 公证遗嘱由遗嘱人经公证机关办理。

自书遗嘱由遗嘱人亲笔书写，签名，注明年、月、日。

代书遗嘱应当有两个以上见证人在场见证，由其中一人代书，注明年、月、日，并由代书人、其他见证人和遗嘱人签名。

以录音形式立的遗嘱，应当有两个以上见证人在场见证。

遗嘱人在危急情况下，可以立口头遗嘱。口头遗嘱应当有两个以上见证人在场见证。危急情况解除后，遗嘱人能够用书面或者录音形式立遗嘱的，所立的口头遗嘱无效。

《最高人民法院关于贯彻执行〈中华人民共和国继承法〉若干问题的意见》

40. 公民在遗书中涉及死后个人财产处分的内容，确为死者真实意思的表示，有本人签名并注明了年、月、日，又无相反证据的，可按自书遗嘱对待。

11. 继承被继承人遗产的同时，也就"继承"了其债务

情景再现

肖剑的妻子去世的时候，女儿肖琳9岁，儿子肖森还不到5岁。后来有人劝肖剑再找一个，也好照顾两个孩子，家中没个女人终归不是一个家。肖剑看着年幼的儿女每天都在巷口眼巴巴地等自己下班回家，有时候自己加班晚一点，女儿就搂着睡着的弟弟坐在巷口的石墩上等自己，心中就微微泛酸。于是，肖剑决定给孩子们找个妈妈，这样自己回家晚了，有个人给孩子们做口饭吃也是不错的。但是接触了好几个，人家一听说肖剑还有两个"拖油瓶"，扭头就走了。

最后，肖剑决定不再娶妻了，自己这种情况要是再婚的话，到头来遭罪的还是孩子。为了能更好地照顾孩子，肖剑辞去了原本待遇不错的工作，在家门口开了一个小吃店。从此肖剑就靠起早摸黑地经营小吃店来维持开支，辛苦把两个孩子拉扯大，直到孩子们有了稳定的工作，建立了属于自己的家庭。后来，肖剑年纪大了，也因为身体原因就把小吃店盘了出去，决定在家中颐养天年。女儿和儿子工作特别忙，还要照顾孩子，很少回家探望，肖剑感到十分孤单。两个孩子看着父亲闷闷不乐的，知道父亲孤零零的一个人住感到寂寞，就商量着把肖剑送到养老院，并向父亲保证，一有时间就去养老院看望他。

就这样，肖剑到了养老院，在那里他结识了一些志趣相投的朋友，其中还有几个是自己原先单位关系不错的同事。肖剑经常和这些老人们一起遛弯、下象棋，孩子们有时间也会把他接到家中住几天，享受天伦之乐。后来肖剑因脑溢血被送进医院，经抢救无效死在了医院。孩子们在对肖剑遗物进行盘点的时候发现，父亲在留下财产的同时，也留下了生前所负的债务。肖某的儿子和女儿如果继承遗产，债务也要一并继承吗？

律师指点

遗产是指被继承人死亡时遗留的个人所有财产和法律规定可以继承的其他财产权益。遗产包括积极遗产和消极遗产。积极遗产指死者生前个人享有的财物和可以继承的其他财产权益，如债权和著作权中的财产权益等，继承开始时继承人按相关规定分割遗产即可。消极遗产是指死者生前所欠的个人债务，主要有被继承人依法应当缴纳的税款和用于个人生活、生产所欠的债务，这些在遗产中属于财产义务或消极财产的那一部分，可形成大家所说的遗产债务。

我国《继承法》第三十三条规定，继承人在继承遗产时，应当清偿被继承人依法应当缴纳的税款和债务，缴纳税款和清偿债务以他的遗产实际价值为限。超过遗产实际价值部分，继承人自愿偿还的不在此限。继承人放弃继承的，对被继承人依法应当缴纳的税款和债务可以不负偿还责任。这就是说只要继承遗产，就要"接手"债务。本案中肖某的儿子和女儿如果继承遗产，对其父的债务也要一并继承，须负责偿还其父生前所欠的债务。

受传统观念的影响，许多人总以为"父债子偿"是天经地义的，其实这是有违公平原则的，也不符合现代立法的基本精神。因此，我国法律规定，继承人清偿被继承人生前合法债务的，仅以其所继承的遗产总价值为限，超出部分可以不清偿。但超过部分，继承人愿以自己的财产清偿，法律是不禁止的。另外，继承人放弃继承的，对被继承人依法应当缴纳的税款和债务可以不负偿还责任。

法条依据

《中华人民共和国继承法》

第三十三条 继承遗产应当清偿被继承人依法应当缴纳的税款和债务,缴纳税款和清偿债务以他的遗产实际价值为限。超过遗产实际价值部分,继承人自愿偿还的不在此限。

继承人放弃继承的,对被继承人依法应当缴纳的税款和债务可以不负偿还责任。

12. 立遗嘱后又对遗嘱财产进行了处理,遗嘱的效力如何认定?

情景再现

王大海高中毕业后,响应党上山下乡的号召,主动申请插队到了东北。在东北的那几年,王大海注意到山里的一些山货都烂在了地上,也没有人收拾,觉得十分可惜。后来,他回到城里参加工作,觉得按部就班地上班没有什么前途,就辞职下海做生意去了。刚开始的几年,由于王大海对市场的错误估计,不但没有赚到大钱反而欠了一屁股的债。直到有人邀请他去东北考察项目时,他才想起来自己插队的地方盛产木耳、蘑菇等各种山珍,由于没有销路,都烂在了山里。

想到这些,王大海直拍自己的脑门,埋怨自己的坏记性。于是,王大海筹集了一些资金,回到以前插队的村子找到老支书,请他帮忙联系周边村子,决定靠收山珍打一个翻身仗。原来烂在山里的东西,现在有人出钱来收购,这个消息一传开,村民们都纷纷带着自己从山里采来的山珍来和王大海做生意。就这样,王大海把从村民那里买来的山珍带到城里,高价出售给高档饭店,打着纯天然、无污染的金字招牌,很快就打开了销路。王大海没多久就还清了前几年做生意欠下的债务。

时光匆匆,王大海年纪渐渐大了,他就结束了东奔西跑的生意,回到家中颐养天年。突然一天,王大海在家摔倒被邻居送到了医院。经医院检查,王大海有脑溢血症状,现在情况不容乐观。听了医生的话,王大海觉得老伴不在了,自己得把身后事给料理了。于是,王大海就在去世前,立了一份遗嘱,称其遗产中房屋由长子继承,50万元现金由次子继承。经过一段时间的治疗,王大海痊愈出院了!经过此次事情,王大海觉得自己大难不死,应该再有所作为,就将遗嘱中的10万元现金拿出来,跟风用于炒股票,后全部被套。这种情况下,遗嘱应如何认定?

律师指点

遗嘱是指遗嘱人生前在法律允许的范围内,按照法律规定的方式对其遗产或其他事务所作的个人处分,并于遗嘱人死亡时发生效力的法律行为,是公民生前对其死后遗产所作的处分和处理其他事务的嘱咐或嘱托。遗嘱设立后,遗嘱人因主客观原因的变化,可依法变更或者撤销自己所立遗嘱的全部或部分内容。这在我国《继承法》第二十条第一款有明确规定,遗嘱人可以撤销、变更自己所立的遗嘱。具体来说,遗嘱人可以通过以下几种方式变更或者撤销所立遗嘱:一是遗嘱人可以通过新增遗嘱的方式,对原来的遗嘱进行补充或修改,新遗嘱与原遗嘱有冲突的部分以新遗嘱为准,新遗嘱未涉及的内容以原遗嘱为准;二是遗嘱人可以按照自己的意愿重新设立遗嘱,立有数份遗嘱,内容相抵触的,以最后的遗嘱为准;三是遗嘱人生前的行为表示与遗嘱的意思相反,使得遗嘱处分的财产在继承开始前灭失、部分灭失或所有权转移,遗嘱视为被撤销或部分被撤销,这在《最高人民法院关于贯彻执行〈中华人民共和国继承法〉若干问题的意见》第39条有明确的规定:遗嘱人生前的行为与遗嘱的意思表示相反,而使遗嘱处分的财产在继承开始前灭失,部分灭失或所有权转移、部分转移的,遗嘱视为被撤销或部分被撤销。

本案中,王某在生病时立下遗嘱对自己的财产进行了处分,在遗嘱生效前,病愈出院,又拿出部分遗嘱中涉及的财产进行炒股,其做法是以实际行动对遗嘱进行了变更,该行为符合《最高人民法院关于贯彻执行〈中华人民共和国继承法〉若干问题的意见》第39条的规定,应认定为对自己所立遗嘱的部分撤销，其他部分仍然有效。

法条依据

《最高人民法院关于贯彻执行〈中华人民共和国继承法〉若干问题的意见》

39.遗嘱人生前的行为与遗嘱的意思表示相反，而使遗嘱处分的财产在继承开始前灭失，部分灭失或所有权转移、部分转移的，遗嘱视为被撤销或部分被撤销。

《中华人民共和国继承法》

第二十条　遗嘱人可以撤销、变更自己所立的遗嘱。

立有数份遗嘱，内容相抵触的，以最后的遗嘱为准。

自书、代书、录音、口头遗嘱，不得撤销、变更公证遗嘱。

13. 内容相抵触的数份遗嘱，应如何执行？

情景再现

王建国退休前是一家科研所的研究员，平时工作起来没日没夜的，最长的记录是居然半个月没有踏进家门半步。王某的妻子十分支持他的工作，家里小到父母孩子的饮食起居，大到老人生病住院、孩子娶妻生子，从来都没有让他操过心。现在王建国退休了，孩子们都也成家立业了，他就想带着老伴去全国各地旅游，以弥补这么多年对她的亏欠。他还经常对老伴唠叨："趁着现在咱们还能走得动，多出去逛逛，等到真的走不动了，这些都还可以成为咱们的回忆。"

谁知，去旅游的事情还未落实，老伴就生病住进了医院。医院检查的结果是癌症晚期，因常年劳累所致。王建国后悔不已，经常在床头对妻子忏悔："这么多年辛苦了你一个人，要是我能时常帮助你一下，也不至于得这个病。"无论王建国多么懊悔，一年后，老伴还是离开了他。妻子去世后，王建国独自居住在家中。孩子们不放心老人一个人居住，经常劝他搬过去共同生活。

但是无论孩子们怎么劝都没有用,王建国坚持要自己住在家中。没办法,孩子们只能隔三岔五地来看望他,帮他收拾一下房子,做做饭。

王建国在充满妻子气息的房子里生活,难免睹物思人。有时候孩子们改变一下屋子里的摆设,希望王建国从丧妻的阴影里走出来。但是孩子们前脚刚走,他后脚就把屋子恢复成原状。由于王建国常年郁郁寡欢,不久就病了,三年后也去世了。王建国去世后,子女们发现王建国生前立有三份遗嘱,但这三份遗嘱的内容大相径庭,子女们不知道要如何处理这三份内容相悖的遗嘱。那么,发生了这种情况,要如何处理?

律师指点

遗嘱是指遗嘱人生前在法律允许的范围内,按照法律规定的方式对其遗产或其他事务所作的个人处分,并于遗嘱人死亡时发生效力的法律行为,是公民生前对其死后遗产所作的处分和处理其他事务的嘱咐或嘱托。遗嘱人订立遗嘱的方式有自书遗嘱、代书遗嘱、口头遗嘱、公证遗嘱等,由于公证遗嘱是经过公证机关公证过的,所以公证遗嘱的效力最高。

我国《继承法》第二十条第二款规定,立有数份遗嘱,内容相抵触的,以最后的遗嘱为准。在实践中,如果遗嘱人所立的数份遗嘱都未经公证机关公证,如内容前后一致或者后者为前者的补充,则几个遗嘱可以一并执行;如果内容相抵触,不兼容,以时间最晚的遗嘱为准。如果其中一份是公证过的,不论时间早晚,必须以公证遗嘱为准;有两份以上公证遗嘱的以最晚的为准。根据《最高人民法院关于贯彻执行〈中华人民共和国继承法〉若干问题的意见》第42条规定,遗嘱人以不同形式立有数份内容相抵触的遗嘱,其中有公证遗嘱的,以最后所立公证遗嘱为准;没有公证遗嘱的,以最后所立的遗嘱为准。

本案中,王某立有三份遗嘱,据我国相关法律规定,这三份遗嘱由于内容相抵触,如果均未公证则以最后的遗嘱执行;如果有公证过的遗嘱,就按法律规定执行此公证遗嘱,因为公证的遗嘱效力比未公证的高,更具可信力。

法条依据

《中华人民共和国继承法》

第二十条 遗嘱人可以撤销、变更自己所立的遗嘱。

立有数份遗嘱，内容相抵触的，以最后的遗嘱为准。

自书、代书、录音、口头遗嘱，不得撤销、变更公证遗嘱。

《最高人民法院关于贯彻执行〈中华人民共和国继承法〉若干问题的意见》

42. 遗嘱人以不同形式立有数份内容相抵触的遗嘱，其中有公证遗嘱的，以最后所立公证遗嘱为准；没有公证遗嘱的，以最后所立的遗嘱为准。

附　录

中华人民共和国婚姻法

（1980年9月10日第五届全国人民代表大会第三次会议通过 根据2001年4月28日第九届全国人民代表大会常务委员会第二十一次会议《关于修改〈中华人民共和国婚姻法〉的决定》修正）

第一章 总则

第一条 本法是婚姻家庭关系的基本准则。

第二条 实行婚姻自由、一夫一妻、男女平等的婚姻制度。

保护妇女、儿童和老人的合法权益。

实行计划生育。

第三条 禁止包办、买卖婚姻和其他干涉婚姻自由的行为。禁止借婚姻索取财物。

禁止重婚。禁止有配偶者与他人同居。禁止家庭暴力。禁止家庭成员间的虐待和遗弃。

第四条 夫妻应当互相忠实，互相尊重；家庭成员间应当敬老爱幼，互相帮助，维护平等、和睦、文明的婚姻家庭关系。

第二章 结婚

第五条 结婚必须男女双方完全自愿，不许任何一方对他方加以强迫或任何第三者加以干涉。

第六条 结婚年龄，男不得早于二十二周岁，女不得早于二十周岁。晚婚晚育应予鼓励。

第七条 有下列情形之一的，禁止结婚：

（一）直系血亲和三代以内的旁系血亲；

（二）患有医学上认为不应当结婚的疾病。

第八条　要求结婚的男女双方必须亲自到婚姻登记机关进行结婚登记。符合本法规定的，予以登记，发给结婚证。取得结婚证，即确立夫妻关系。未办理结婚登记的，应当补办登记。

第九条　登记结婚后，根据男女双方约定，女方可以成为男方家庭的成员，男方可以成为女方家庭的成员。

第十条　有下列情形之一的，婚姻无效：

（一）重婚的；

（二）有禁止结婚的亲属关系的；

（三）婚前患有医学上认为不应当结婚的疾病，婚后尚未治愈的；

（四）未到法定婚龄的。

第十一条　因胁迫结婚的，受胁迫的一方可以向婚姻登记机关或人民法院请求撤销该婚姻。受胁迫的一方撤销婚姻的请求，应当自结婚登记之日起一年内提出。被非法限制人身自由的当事人请求撤销婚姻的，应当自恢复人身自由之日起一年内提出。

第十二条　无效或被撤销的婚姻，自始无效。当事人不具有夫妻的权利和义务。同居期间所得的财产，由当事人协议处理；协议不成时，由人民法院根据照顾无过错方的原则判决。对重婚导致的婚姻无效的财产处理，不得侵害合法婚姻当事人的财产权益。当事人所生的子女，适用本法有关父母子女的规定。

第三章　家庭关系

第十三条　夫妻在家庭中地位平等。

第十四条　夫妻双方都有各用自己姓名的权利。

第十五条　夫妻双方都有参加生产、工作、学习和社会活动的自由，一方不得对他方加以限制或干涉。

第十六条　夫妻双方都有实行计划生育的义务。

第十七条　夫妻在婚姻关系存续期间所得的下列财产，归夫妻共同所有：

（一）工资、奖金；

（二）生产、经营的收益；

（三）知识产权的收益；

（四）继承或赠与所得的财产，但本法第十八条第三项规定的除外；

（五）其他应当归共同所有的财产。

夫妻对共同所有的财产，有平等的处理权。

第十八条 有下列情形之一的，为夫妻一方的财产：

（一）一方的婚前财产；

（二）一方因身体受到伤害获得的医疗费、残疾人生活补助费等费用；

（三）遗嘱或赠与合同中确定只归夫或妻一方的财产；

（四）一方专用的生活用品；

（五）其他应当归一方的财产。

第十九条 夫妻可以约定婚姻关系存续期间所得的财产以及婚前财产归各自所有、共同所有或部分各自所有、部分共同所有。约定应当采用书面形式。没有约定或约定不明确的，适用本法第十七条、第十八条的规定。

夫妻对婚姻关系存续期间所得的财产以及婚前财产的约定，对双方具有约束力。

夫妻对婚姻关系存续期间所得的财产约定归各自所有的，夫或妻一方对外所负的债务，第三人知道该约定的，以夫或妻一方所有的财产清偿。

第二十条 夫妻有互相扶养的义务。

一方不履行扶养义务时，需要扶养的一方，有要求对方付给扶养费的权利。

第二十一条 父母对子女有抚养教育的义务；子女对父母有赡养扶助的义务。

父母不履行抚养义务时，未成年的或不能独立生活的子女，有要求父母付给抚养费的权利。

子女不履行赡养义务时，无劳动能力的或生活困难的父母，有要求子女付给赡养费的权利。

禁止溺婴、弃婴和其他残害婴儿的行为。

第二十二条 子女可以随父姓，可以随母姓。

第二十三条 父母有保护和教育未成年子女的权利和义务。在未成年子女对国家、集体或他人造成损害时，父母有承担民事责任的义务。

第二十四条 夫妻有相互继承遗产的权利。

父母和子女有相互继承遗产的权利。

第二十五条 非婚生子女享有与婚生子女同等的权利，任何人不得加以危害和歧视。

不直接抚养非婚生子女的生父或生母，应当负担子女的生活费和教育费，直至子女能独立生活为止。

第二十六条 国家保护合法的收养关系。养父母和养子女间的权利和义务，适用本法对父母子女关系的有关规定。

养子女和生父母间的权利和义务，因收养关系的成立而消除。

第二十七条 继父母与继子女间，不得虐待或歧视。

继父或继母和受其抚养教育的继子女间的权利和义务，适用本法对父母子女关系的有关规定。

第二十八条 有负担能力的祖父母、外祖父母，对于父母已经死亡或父母无力抚养的未成年的孙子女、外孙子女，有抚养的义务。有负担能力的孙子女、外孙子女，对于子女已经死亡或子女无力赡养的祖父母、外祖父母，有赡养的义务。

第二十九条 有负担能力的兄、姐，对于父母已经死亡或父母无力抚养的未成年的弟、妹，有扶养的义务。由兄、姐扶养长大的有负担能力的弟、妹，对于缺乏劳动能力又缺乏生活来源的兄、姐，有扶养的义务。

第三十条 子女应当尊重父母的婚姻权利，不得干涉父母再婚以及婚后的生活。子女对父母的赡养义务，不因父母的婚姻关系变化而终止。

第四章 离婚

第三十一条 男女双方自愿离婚的，准予离婚。双方必须到婚姻登记机关申请离婚。婚姻登记机关查明双方确实是自愿并对子女和财产问题已有适当处理时，发给离婚证。

第三十二条　男女一方要求离婚的，可由有关部门进行调解或直接向人民法院提出离婚诉讼。

人民法院审理离婚案件，应当进行调解；如感情确已破裂，调解无效，应准予离婚。

有下列情形之一，调解无效的，应准予离婚：

（一）重婚或有配偶者与他人同居的；

（二）实施家庭暴力或虐待、遗弃家庭成员的；

（三）有赌博、吸毒等恶习屡教不改的；

（四）因感情不和分居满二年的；

（五）其他导致夫妻感情破裂的情形。

一方被宣告失踪，另一方提出离婚诉讼的，应准予离婚。

第三十三条　现役军人的配偶要求离婚，须得军人同意，但军人一方有重大过错的除外。

第三十四条　女方在怀孕期间、分娩后一年内或中止妊娠后六个月内，男方不得提出离婚。女方提出离婚的，或人民法院认为确有必要受理男方离婚请求的，不在此限。

第三十五条　离婚后，男女双方自愿恢复夫妻关系的，必须到婚姻登记机关进行复婚登记。

第三十六条　父母与子女间的关系，不因父母离婚而消除。离婚后，子女无论由父或母直接抚养，仍是父母双方的子女。

离婚后，父母对于子女仍有抚养和教育的权利和义务。

离婚后，哺乳期内的子女，以随哺乳的母亲抚养为原则。哺乳期后的子女，如双方因抚养问题发生争执不能达成协议时，由人民法院根据子女的权益和双方的具体情况判决。

第三十七条　离婚后，一方抚养的子女，另一方应负担必要的生活费和教育费的一部或全部，负担费用的多少和期限的长短，由双方协议；协议不成时，由人民法院判决。

关于子女生活费和教育费的协议或判决，不妨碍子女在必要时向父母任何一方提出超过协议或判决原定数额的合理要求。

第三十八条 离婚后，不直接抚养子女的父或母，有探望子女的权利，另一方有协助的义务。

行使探望权利的方式、时间由当事人协议；协议不成时，由人民法院判决。

父或母探望子女，不利于子女身心健康的，由人民法院依法中止探望的权利；中止的事由消失后，应当恢复探望的权利。

第三十九条 离婚时，夫妻的共同财产由双方协议处理；协议不成时，由人民法院根据财产的具体情况，照顾子女和女方权益的原则判决。

夫或妻在家庭土地承包经营中享有的权益等，应当依法予以保护。

第四十条 夫妻书面约定婚姻关系存续期间所得的财产归各自所有，一方因抚育子女、照料老人、协助另一方工作等付出较多义务的，离婚时有权向另一方请求补偿，另一方应当予以补偿。

第四十一条 离婚时，原为夫妻共同生活所负的债务，应当共同偿还。共同财产不足清偿的，或财产归各自所有的，由双方协议清偿；协议不成时，由人民法院判决。

第四十二条 离婚时，如一方生活困难，另一方应从其住房等个人财产中给予适当帮助。具体办法由双方协议；协议不成时，由人民法院判决。

第五章 救助措施与法律责任

第四十三条 实施家庭暴力或虐待家庭成员，受害人有权提出请求，居民委员会、村民委员会以及所在单位应当予以劝阻、调解。

对正在实施的家庭暴力，受害人有权提出请求，居民委员会、村民委员会应当予以劝阻；公安机关应当予以制止。

实施家庭暴力或虐待家庭成员，受害人提出请求的，公安机关应当依照治安管理处罚的法律规定予以行政处罚。

第四十四条 对遗弃家庭成员，受害人有权提出请求，居民委员会、村民委员会以及所在单位应当予以劝阻、调解。

对遗弃家庭成员，受害人提出请求的，人民法院应当依法作出支付扶养费、抚养费、赡养费的判决。

第四十五条 对重婚的，对实施家庭暴力或虐待、遗弃家庭成员构成犯罪的，依法追究刑事责任。受害人可以依照刑事诉讼法的有关规定，向人民法院自诉；公安机关应当依法侦查，人民检察院应当依法提起公诉。

第四十六条 有下列情形之一，导致离婚的，无过错方有权请求损害赔偿：

（一）重婚的；

（二）有配偶者与他人同居的；

（三）实施家庭暴力的；

（四）虐待、遗弃家庭成员的。

第四十七条 离婚时，一方隐藏、转移、变卖、毁损夫妻共同财产，或伪造债务企图侵占另一方财产的，分割夫妻共同财产时，对隐藏、转移、变卖、毁损夫妻共同财产或伪造债务的一方，可以少分或不分。离婚后，另一方发现有上述行为的，可以向人民法院提起诉讼，请求再次分割夫妻共同财产。

人民法院对前款规定的妨害民事诉讼的行为，依照民事诉讼法的规定予以制裁。

第四十八条 对拒不执行有关扶养费、抚养费、赡养费、财产分割、遗产继承、探望子女等判决或裁定的，由人民法院依法强制执行。有关个人和单位应负协助执行的责任。

第四十九条 其他法律对有关婚姻家庭的违法行为和法律责任另有规定的，依照其规定。

第六章　附则

第五十条 民族自治地方的人民代表大会有权结合当地民族婚姻家庭的具体情况，制定变通规定。自治州、自治县制定的变通规定，报省、自治区、直辖市人民代表大会常务委员会批准后生效。自治区制定的变通规定，报全国人民代表大会常务委员会批准后生效。

第五十一条 本法自1981年1月1日起施行。

1950年5月1日颁行的《中华人民共和国婚姻法》，自本法施行之日起废止。

最高人民法院关于适用《中华人民共和国婚姻法》若干问题的解释（一）

（2001年12月24日最高人民法院审判委员会第1202次会议通过 法释〔2001〕30号）

为了正确审理婚姻家庭纠纷案件，根据《中华人民共和国婚姻法》（以下简称婚姻法）、《中华人民共和国民事诉讼法》等法律的规定，对人民法院适用婚姻法的有关问题作出如下解释：

第一条 婚姻法第三条、第三十二条、第四十三条、第四十五条、第四十六条所称的"家庭暴力"，是指行为人以殴打、捆绑、残害、强行限制人身自由或者其他手段，给其家庭成员的身体、精神等方面造成一定伤害后果的行为。持续性、经常性的家庭暴力，构成虐待。

第二条 婚姻法第三条、第三十二条、第四十六条规定的"有配偶者与他人同居"的情形，是指有配偶者与婚外异性，不以夫妻名义，持续、稳定地共同居住。

第三条 当事人仅以婚姻法第四条为依据提起诉讼的，人民法院不予受理；已经受理的，裁定驳回起诉。

第四条 男女双方根据婚姻法第八条规定补办结婚登记的，婚姻关系的效力从双方均符合婚姻法所规定的结婚的实质要件时起算。

第五条 未按婚姻法第八条规定办理结婚登记而以夫妻名义共同生活的

男女，起诉到人民法院要求离婚的，应当区别对待：

（一）1994年2月1日民政部《婚姻登记管理条例》公布实施以前，男女双方已经符合结婚实质要件的，按事实婚姻处理；

（二）1994年2月1日民政部《婚姻登记管理条例》公布实施以后，男女双方符合结婚实质要件的，人民法院应当告知其在案件受理前补办结婚登记；未补办结婚登记的，按解除同居关系处理。

第六条 未按婚姻法第八条规定办理结婚登记而以夫妻名义共同生活的男女，一方死亡，另一方以配偶身份主张享有继承权的，按照本解释第五条的原则处理。

第七条 有权依据婚姻法第十条规定向人民法院就已办理结婚登记的婚姻申请宣告婚姻无效的主体，包括婚姻当事人及利害关系人。利害关系人包括：

（一）以重婚为由申请宣告婚姻无效的，为当事人的近亲属及基层组织。

（二）以未到法定婚龄为由申请宣告婚姻无效的，为未达法定婚龄者的近亲属。

（三）以有禁止结婚的亲属关系为由申请宣告婚姻无效的，为当事人的近亲属。

（四）以婚前患有医学上认为不应当结婚的疾病，婚后尚未治愈为由申请宣告婚姻无效的，为与患病者共同生活的近亲属。

第八条 当事人依据婚姻法第十条规定向人民法院申请宣告婚姻无效的，申请时，法定的无效婚姻情形已经消失的，人民法院不予支持。

第九条 人民法院审理宣告婚姻无效案件，对婚姻效力的审理不适用调解，应当依法作出判决；有关婚姻效力的判决一经作出，即发生法律效力。

涉及财产分割和子女抚养的，可以调解。调解达成协议的，另行制作调解书。对财产分割和子女抚养问题的判决不服的，当事人可以上诉。

第十条 婚姻法第十一条所称的"胁迫"，是指行为人以给另一方当事人或者其近亲属的生命、身体健康、名誉、财产等方面造成损害为要挟，迫使另一方当事人违背真实意愿结婚的情况。

因受胁迫而请求撤销婚姻的，只能是受胁迫一方的婚姻关系当事人本人。

第十一条 人民法院审理婚姻当事人因受胁迫而请求撤销婚姻的案件，应当适用简易程序或者普通程序。

第十二条 婚姻法第十一条规定的"一年"，不适用诉讼时效中止、中断或者延长的规定。

第十三条 婚姻法第十二条所规定的自始无效，是指无效或者可撤销婚姻在依法被宣告无效或被撤销时，才确定该婚姻自始不受法律保护。

第十四条 人民法院根据当事人的申请，依法宣告婚姻无效或者撤销婚姻的，应当收缴双方的结婚证书并将生效的判决书寄送当地婚姻登记管理机关。

第十五条 被宣告无效或被撤销的婚姻，当事人同居期间所得的财产，按共同共有处理。但有证据证明为当事人一方所有的除外。

第十六条 人民法院审理重婚导致的无效婚姻案件时，涉及财产处理的，应当准许合法婚姻当事人作为有独立请求权的第三人参加诉讼。

第十七条 婚姻法第十七条关于"夫或妻对夫妻共同所有的财产，有平等的处理权"的规定，应当理解为：

（一）夫或妻在处理夫妻共同财产上的权利是平等的。因日常生活需要而处理夫妻共同财产的，任何一方均有权决定。

（二）夫或妻非因日常生活需要对夫妻共同财产做重要处理决定，夫妻双方应当平等协商，取得一致意见。他人有理由相信其为夫妻双方共同意思表示的，另一方不得以不同意或不知道为由对抗善意第三人。

第十八条 婚姻法第十九条所称"第三人知道该约定的"，夫妻一方对此负有举证责任。

第十九条 婚姻法第十八条规定为夫妻一方所有的财产，不因婚姻关系的延续而转化为夫妻共同财产。但当事人另有约定的除外。

第二十条 婚姻法第二十一条规定的"不能独立生活的子女"，是指尚在校接受高中及其以下学历教育，或者丧失或未完全丧失劳动能力等非因主观原因而无法维持正常生活的成年子女。

第二十一条 婚姻法第二十一条所称"抚养费"，包括子女生活费、教育费、医疗费等费用。

第二十二条 人民法院审理离婚案件，符合第三十二条第三款规定"应准予离婚"情形的，不应当因当事人有过错而判决不准离婚。

第二十三条 婚姻法第三十三条所称的"军人一方有重大过错"，可以依据婚姻法第三十二条第三款前三项规定及军人有其他重大过错导致夫妻感情破裂的情形予以判断。

第二十四条 人民法院作出的生效的离婚判决中未涉及探望权，当事人就探望权问题单独提起诉讼的，人民法院应予受理。

第二十五条 当事人在履行生效判决、裁定或者调解书的过程中，请求中止行使探望权的，人民法院在征询双方当事人意见后，认为需要中止行使探望权的，依法作出裁定。中止探望的情形消失后，人民法院应当根据当事人的申请通知其恢复探望权的行使。

第二十六条 未成年子女、直接抚养子女的父或母及其他对未成年子女负担抚养、教育义务的法定监护人，有权向人民法院提出中止探望权的请求。

第二十七条 婚姻法第四十二条所称"一方生活困难"，是指依靠个人财产和离婚时分得的财产无法维持当地基本生活水平。

一方离婚后没有住处的，属于生活困难。

离婚时，一方以个人财产中的住房对生活困难者进行帮助的形式，可以是房屋的居住权或者房屋的所有权。

第二十八条 婚姻法第四十六条规定的"损害赔偿"，包括物质损害赔偿和精神损害赔偿。涉及精神损害赔偿的，适用最高人民法院《关于确定民事侵权精神损害赔偿责任若干问题的解释》的有关规定。

第二十九条 承担婚姻法第四十六条规定的损害赔偿责任的主体，为离婚诉讼当事人中无过错方的配偶。

人民法院判决不准离婚的案件，对于当事人基于婚姻法第四十六条提出的损害赔偿请求，不予支持。

在婚姻关系存续期间，当事人不起诉离婚而单独依据该条规定提起损害赔偿请求的，人民法院不予受理。

第三十条 人民法院受理离婚案件时，应当将婚姻法第四十六条等规定中当事人的有关权利义务，书面告知当事人。在适用婚姻法第四十六条时，应当区分以下不同情况：

（一）符合婚姻法第四十六条规定的无过错方作为原告基于该条规定向人民法院提起损害赔偿请求的，必须在离婚诉讼的同时提出。

（二）符合婚姻法第四十六条规定的无过错方作为被告的离婚诉讼案件，如果被告不同意离婚也不基于该条规定提起损害赔偿请求的，可以在离婚后一年内就此单独提起诉讼。

（三）无过错方作为被告的离婚诉讼案件，一审时被告未基于婚姻法第四十六条规定提出损害赔偿请求，二审期间提出的，人民法院应当进行调解，调解不成的，告知当事人在离婚后一年内另行起诉。

第三十一条 当事人依据婚姻法第四十七条的规定向人民法院提起诉讼，请求再次分割夫妻共同财产的诉讼时效为两年，从当事人发现之次日起计算。

第三十二条 婚姻法第四十八条关于对拒不执行有关探望子女等判决和裁定的，由人民法院依法强制执行的规定，是指对拒不履行协助另一方行使探望权的有关个人和单位采取拘留、罚款等强制措施，不能对子女的人身、探望行为进行强制执行。

第三十三条 婚姻法修改后正在审理的一、二审婚姻家庭纠纷案件，一律适用修改后的婚姻法。此前最高人民法院作出的相关司法解释如与本解释相抵触，以本解释为准。

第三十四条 本解释自公布之日起施行。

最高人民法院关于适用《中华人民共和国婚姻法》若干问题的解释（二）

（2003年12月4日最高人民法院审判委员会第1299次会议通过 法释〔2003〕19号）

为正确审理婚姻家庭纠纷案件，根据《中华人民共和国婚姻法》（以下简称婚姻法）、《中华人民共和国民事诉讼法》等相关法律规定，对人民法院适用婚姻法的有关问题作出如下解释：

第一条 当事人起诉请求解除同居关系的，人民法院不予受理。但当事人请求解除的同居关系，属于婚姻法第三条、第三十二条、第四十六条规定的"有配偶者与他人同居"的，人民法院应当受理并依法予以解除。

当事人因同居期间财产分割或者子女抚养纠纷提起诉讼的，人民法院应当受理。

第二条 人民法院受理申请宣告婚姻无效案件后，经审查确属无效婚姻的，应当依法作出宣告婚姻无效的判决。原告申请撤诉的，不予准许。

第三条 人民法院受理离婚案件后，经审查确属无效婚姻的，应当将婚姻无效的情形告知当事人，并依法作出宣告婚姻无效的判决。

第四条 人民法院审理无效婚姻案件，涉及财产分割和子女抚养的，应当对婚姻效力的认定和其他纠纷的处理分别制作裁判文书。

第五条 夫妻一方或者双方死亡后一年内，生存一方或者利害关系人依据婚姻法第十条的规定申请宣告婚姻无效的，人民法院应当受理。

第六条 利害关系人依据婚姻法第十条的规定，申请人民法院宣告婚姻无效的，利害关系人为申请人，婚姻关系当事人双方为被申请人。

夫妻一方死亡的，生存一方为被申请人。

夫妻双方均已死亡的，不列被申请人。

第七条 人民法院就同一婚姻关系分别受理了离婚和申请宣告婚姻无效案件的，对于离婚案件的审理，应当待申请宣告婚姻无效案件作出判决后进行。

前款所指的婚姻关系被宣告无效后，涉及财产分割和子女抚养的，应当继续审理。

第八条 离婚协议中关于财产分割的条款或者当事人因离婚就财产分割达成的协议，对男女双方具有法律约束力。

当事人因履行上述财产分割协议发生纠纷提起诉讼的，人民法院应当受理。

第九条 男女双方协议离婚后一年内就财产分割问题反悔，请求变更或者撤销财产分割协议的，人民法院应当受理。

人民法院审理后，未发现订立财产分割协议时存在欺诈、胁迫等情形的，应当依法驳回当事人的诉讼请求。

第十条 当事人请求返还按照习俗给付的彩礼的，如果查明属于以下情形，人民法院应当予以支持：

（一）双方未办理结婚登记手续的；

（二）双方办理结婚登记手续但确未共同生活的；

（三）婚前给付并导致给付人生活困难的。

适用前款第（二）、（三）项的规定，应当以双方离婚为条件。

第十一条 婚姻关系存续期间，下列财产属于婚姻法第十七条规定的"其他应当归共同所有的财产"：

（一）一方以个人财产投资取得的收益；

（二）男女双方实际取得或者应当取得的住房补贴、住房公积金；

（三）男女双方实际取得或者应当取得的养老保险金、破产安置补偿费。

第十二条 婚姻法第十七条第三项规定的"知识产权的收益"，是指婚姻关系存续期间，实际取得或者已经明确可以取得的财产性收益。

第十三条 军人的伤亡保险金、伤残补助金、医药生活补助费属于个人财产。

第十四条 人民法院审理离婚案件，涉及分割发放到军人名下的复员费、自主择业费等一次性费用的，以夫妻婚姻关系存续年限乘以年平均值，所得数额为夫妻共同财产。

前款所称年平均值，是指将发放到军人名下的上述费用总额按具体年限均分得出的数额。其具体年限为人均寿命七十岁与军人入伍时实际年龄的差额。

第十五条 夫妻双方分割共同财产中的股票、债券、投资基金份额等有价证券以及未上市股份有限公司股份时，协商不成或者按市价分配有困难的，人民法院可以根据数量按比例分配。

第十六条 人民法院审理离婚案件，涉及分割夫妻共同财产中以一方名义在有限责任公司的出资额，另一方不是该公司股东的，按以下情形分别处理：

（一）夫妻双方协商一致将出资额部分或者全部转让给该股东的配偶，过半数股东同意、其他股东明确表示放弃优先购买权的，该股东的配偶可以成为该公司股东；

（二）夫妻双方就出资额转让份额和转让价格等事项协商一致后，过半数股东不同意转让，但愿意以同等价格购买该出资额的，人民法院可以对转让出资所得财产进行分割。过半数股东不同意转让，也不愿意以同等价格购买该出资额的，视为其同意转让，该股东的配偶可以成为该公司股东。

用于证明前款规定的过半数股东同意的证据，可以是股东会决议，也可以是当事人通过其他合法途径取得的股东的书面声明材料。

第十七条 人民法院审理离婚案件，涉及分割夫妻共同财产中以一方名义在合伙企业中的出资，另一方不是该企业合伙人的，当夫妻双方协商一致，将其合伙企业中的财产份额全部或者部分转让给对方时，按以下情形分别处理：

（一）其他合伙人一致同意的，该配偶依法取得合伙人地位；

（二）其他合伙人不同意转让，在同等条件下行使优先受让权的，可以对转让所得的财产进行分割；

（三）其他合伙人不同意转让，也不行使优先受让权，但同意该合伙人退伙或者退还部分财产份额的，可以对退还的财产进行分割；

（四）其他合伙人既不同意转让，也不行使优先受让权，又不同意该合伙人退伙或者退还部分财产份额的，视为全体合伙人同意转让，该配偶依法取得合伙人地位。

第十八条　夫妻以一方名义投资设立独资企业的，人民法院分割夫妻在该独资企业中的共同财产时，应当按照以下情形分别处理：

（一）一方主张经营该企业的，对企业资产进行评估后，由取得企业一方给予另一方相应的补偿；

（二）双方均主张经营该企业的，在双方竞价基础上，由取得企业的一方给予另一方相应的补偿；

（三）双方均不愿意经营该企业的，按照《中华人民共和国个人独资企业法》等有关规定办理。

第十九条　由一方婚前承租、婚后用共同财产购买的房屋，房屋权属证书登记在一方名下的，应当认定为夫妻共同财产。

第二十条　双方对夫妻共同财产中的房屋价值及归属无法达成协议时，人民法院按以下情形分别处理：

（一）双方均主张房屋所有权并且同意竞价取得的，应当准许；

（二）一方主张房屋所有权的，由评估机构按市场价格对房屋作出评估，取得房屋所有权的一方应当给予另一方相应的补偿；

（三）双方均不主张房屋所有权的，根据当事人的申请拍卖房屋，就所得价款进行分割。

第二十一条　离婚时双方对尚未取得所有权或者尚未取得完全所有权的房屋有争议且协商不成的，人民法院不宜判决房屋所有权的归属，应当根据实际情况判决由当事人使用。

当事人就前款规定的房屋取得完全所有权后，有争议的，可以另行向人民法院提起诉讼。

第二十二条 当事人结婚前，父母为双方购置房屋出资的，该出资应当认定为对自己子女的个人赠与，但父母明确表示赠与双方的除外。

当事人结婚后，父母为双方购置房屋出资的，该出资应当认定为对夫妻双方的赠与，但父母明确表示赠与一方的除外。

第二十三条 债权人就一方婚前所负个人债务向债务人的配偶主张权利的，人民法院不予支持。但债权人能够证明所负债务用于婚后家庭共同生活的除外。

第二十四条 债权人就婚姻关系存续期间夫妻一方以个人名义所负债务主张权利的，应当按夫妻共同债务处理。但夫妻一方能够证明债权人与债务人明确约定为个人债务，或者能够证明属于婚姻法第十九条第三款规定情形的除外。

第二十五条 当事人的离婚协议或者人民法院的判决书、裁定书、调解书已经对夫妻财产分割问题作出处理的，债权人仍有权就夫妻共同债务向男女双方主张权利。

一方就共同债务承担连带清偿责任后，基于离婚协议或者人民法院的法律文书向另一方主张追偿的，人民法院应当支持。

第二十六条 夫或妻一方死亡的，生存一方应当对婚姻关系存续期间的共同债务承担连带清偿责任。

第二十七条 当事人在婚姻登记机关办理离婚登记手续后，以婚姻法第四十六条规定为由向人民法院提出损害赔偿请求的，人民法院应当受理。但当事人在协议离婚时已经明确表示放弃该项请求，或者在办理离婚登记手续一年后提出的，不予支持。

第二十八条 夫妻一方申请对配偶的个人财产或者夫妻共同财产采取保全措施的，人民法院可以在采取保全措施可能造成损失的范围内，根据实际情况，确定合理的财产担保数额。

第二十九条 本解释自2004年4月1日起施行。

本解释施行后，人民法院新受理的一审婚姻家庭纠纷案件，适用本解释。

本解释施行后，此前最高人民法院作出的相关司法解释与本解释相抵触的，以本解释为准。

最高人民法院关于适用《中华人民共和国婚姻法》若干问题的解释（三）

（2011年7月4日最高人民法院审判委员会第1525次会议通过 法释〔2011〕18号）

为正确审理婚姻家庭纠纷案件，根据《中华人民共和国婚姻法》、《中华人民共和国民事诉讼法》等相关法律规定，对人民法院适用婚姻法的有关问题作出如下解释：

第一条 当事人以婚姻法第十条规定以外的情形申请宣告婚姻无效的，人民法院应当判决驳回当事人的申请。

当事人以结婚登记程序存在瑕疵为由提起民事诉讼，主张撤销结婚登记的，告知其可以依法申请行政复议或者提起行政诉讼。

第二条 夫妻一方向人民法院起诉请求确认亲子关系不存在，并已提供必要证据予以证明，另一方没有相反证据又拒绝做亲子鉴定的，人民法院可以推定请求确认亲子关系不存在一方的主张成立。

当事人一方起诉请求确认亲子关系，并提供必要证据予以证明，另一方没有相反证据又拒绝做亲子鉴定的，人民法院可以推定请求确认亲子关系一方的主张成立。

第三条 婚姻关系存续期间，父母双方或者一方拒不履行抚养子女义务，未成年或者不能独立生活的子女请求支付抚养费的，人民法院应予支持。

第四条 婚姻关系存续期间，夫妻一方请求分割共同财产的，人民法院不予支持，但有下列重大理由且不损害债权人利益的除外：

（一）一方有隐藏、转移、变卖、毁损、挥霍夫妻共同财产或者伪造夫妻共同债务等严重损害夫妻共同财产利益行为的；

（二）一方负有法定扶养义务的人患重大疾病需要医治，另一方不同意支付相关医疗费用的。

第五条 夫妻一方个人财产在婚后产生的收益，除孳息和自然增值外，应认定为夫妻共同财产。

第六条 婚前或者婚姻关系存续期间，当事人约定将一方所有的房产赠与另一方，赠与方在赠与房产变更登记之前撤销赠与，另一方请求判令继续履行的，人民法院可以按照合同法第一百八十六条的规定处理。

第七条 婚后由一方父母出资为子女购买的不动产，产权登记在出资人子女名下的，可按照婚姻法第十八条第（三）项的规定，视为只对自己子女一方的赠与，该不动产应认定为夫妻一方的个人财产。

由双方父母出资购买的不动产，产权登记在一方子女名下的，该不动产可认定为双方按照各自父母的出资份额按份共有，但当事人另有约定的除外。

第八条 无民事行为能力人的配偶有虐待、遗弃等严重损害无民事行为能力一方的人身权利或者财产权益行为，其他有监护资格的人可以依照特别程序要求变更监护关系；变更后的监护人代理无民事行为能力一方提起离婚诉讼的，人民法院应予受理。

第九条 夫以妻擅自中止妊娠侵犯其生育权为由请求损害赔偿的，人民法院不予支持；夫妻双方因是否生育发生纠纷，致使感情确已破裂，一方请求离婚的，人民法院经调解无效，应依照婚姻法第三十二条第三款第（五）项的规定处理。

第十条 夫妻一方婚前签订不动产买卖合同，以个人财产支付首付款并在银行贷款，婚后用夫妻共同财产还贷，不动产登记于首付款支付方名下的，离婚时该不动产由双方协议处理。

依前款规定不能达成协议的，人民法院可以判决该不动产归产权登记一方，尚未归还的贷款为产权登记一方的个人债务。双方婚后共同还贷支付的

223

款项及其相对应财产增值部分，离婚时应根据婚姻法第三十九条第一款规定的原则，由产权登记一方对另一方进行补偿。

第十一条　一方未经另一方同意出售夫妻共同共有的房屋，第三人善意购买、支付合理对价并办理产权登记手续，另一方主张追回该房屋的，人民法院不予支持。

夫妻一方擅自处分共同共有的房屋造成另一方损失，离婚时另一方请求赔偿损失的，人民法院应予支持。

第十二条　婚姻关系存续期间，双方用夫妻共同财产出资购买以一方父母名义参加房改的房屋，产权登记在一方父母名下，离婚时另一方主张按照夫妻共同财产对该房屋进行分割的，人民法院不予支持。购买该房屋时的出资，可以作为债权处理。

第十三条　离婚时夫妻一方尚未退休、不符合领取养老保险金条件，另一方请求按照夫妻共同财产分割养老保险金的，人民法院不予支持；婚后以夫妻共同财产缴付养老保险费，离婚时一方主张将养老金账户中婚姻关系存续期间个人实际缴付部分作为夫妻共同财产分割的，人民法院应予支持。

第十四条　当事人达成的以登记离婚或者到人民法院协议离婚为条件的财产分割协议，如果双方协议离婚未成，一方在离婚诉讼中反悔的，人民法院应当认定该财产分割协议没有生效，并根据实际情况依法对夫妻共同财产进行分割。

第十五条　婚姻关系存续期间，夫妻一方作为继承人依法可以继承的遗产，在继承人之间尚未实际分割，起诉离婚时另一方请求分割的，人民法院应当告知当事人在继承人之间实际分割遗产后另行起诉。

第十六条　夫妻之间订立借款协议，以夫妻共同财产出借给一方从事个人经营活动或用于其他个人事务的，应视为双方约定处分夫妻共同财产的行为，离婚时可按照借款协议的约定处理。

第十七条　夫妻双方均有婚姻法第四十六条规定的过错情形，一方或者双方向对方提出离婚损害赔偿请求的，人民法院不予支持。

第十八条 离婚后,一方以尚有夫妻共同财产未处理为由向人民法院起诉请求分割的,经审查该财产确属离婚时未涉及的夫妻共同财产,人民法院应当依法予以分割。

第十九条 本解释施行后,最高人民法院此前作出的相关司法解释与本解释相抵触的,以本解释为准。

图书在版编目(CIP)数据

婚姻家庭法律顾问：案例精析版 / 荣丽双主编 .—北京：中国法制出版社，2016.1

ISBN 978-7-5093-7195-4

Ⅰ.①婚⋯　Ⅱ.①荣⋯　Ⅲ.①婚姻法—案例—中国　Ⅳ.①D920.5

中国版本图书馆CIP数据核字（2016）第019633号

策划编辑/责任编辑：程潇永（editorcheng@163.com）　　　　封面设计：蒋　怡

婚姻家庭法律顾问：案例精析版
HUNYIN JIATING FALÜ GUWEN: ANLI JINGXIBAN

主编 / 荣丽双
经销 / 新华书店
印刷 / 北京海纳百川印刷有限公司
开本 / 710毫米×1000毫米　16　　　　　　印张 / 14.75　字数 / 218千
版次 / 2016年3月第1版　　　　　　　　　2016年3月第1次印刷

中国法制出版社出版
书号ISBN 978-7-5093-7195-4　　　　　　　　　　　　　定价：38.00元

　　　　　　　　　　　　　　　　　　　　　　值班电话：010-66026508
北京西单横二条2号　邮政编码100031　　　　传　　真：010-66031119
网址／http://www.zgfzs.com　　　　　　　　编辑部电话：010-66073673
市场营销部电话：010-66033393　　　　　　　邮购部电话：010-66033288

（如有印装质量问题，请与本社编务印务管理部联系调换。电话：010-66032926）